Soh Tonghwi
徐 東輝

監修:曽我部真裕
(京都大学大学院法学研究科 教授)

在日韓国人京大生が教える、

憲法の視点からの
日韓問題

Talking about Japan-Korea disputes
with the point of view of the Constitution of Japan,
by ZAINICHI Korean student of Kyoto University

TOブックス

目次一覧
contents

はしがき

日本に生まれ育ち、24年が過ぎました。

いわゆる在日韓国人として生を受け、「徐東輝《ソオトンフィ》」という名前でこれまで生きてきました。

本書は、在日韓国人というバックグラウンドを持った私が、24年というまだまだ短い時間の中で形成、獲得してきた知見と価値観をもって著したものです。

本年２０１５年は、日本にとっては終戦70年、韓国にとっては解放70年であるとともに、日韓国交正常化50年という節目の年です。しかし、国交が正常化しているとはいうものの、日韓の関係が正常化しているのかは多分に疑問であり、解決の糸口すら見当たらないという印象を持っている方も多いのではないでしょうか。

「日韓」というワードは、あまりにも「着色料」がついてしまった言葉です。ゆえに、日韓をめぐる問題については、感情論が先走り、冷静な議論、本質的な討議が置いてけぼりにされてしまう現状に切なさと憤りを感じていました。そんな中で本書のお話をいただき、可能な限りわかりやすく、しかし、本質を追求できるように執筆させていただきました。

実は私は、在日韓国人というバックグラウンドが好きではありませんでした。小学校でいじめられたこともあり、「何がそんなに違うのだろう」と思い悩むこともありました。今でも「在日韓国人です」という自己紹介をためらってしまうことがあったりします。ですが、開き直りは意外にも有効で、どうせ思い悩んで解決するような問題ではないですし、気がつけば自分のアイデンティティの一つを形成してしまっているこのバックグラウンドと上手く付き合うという開き直りができるようになりました。これは高校生くらいにできあがった心境だった気がします。そして、一旦開き直ると、自信がつくのか、いつの間にか他人とは異なるアイデンティティを誇らしく思うようになったりしていました。

本書は、自信を持って「私だからこそ」と思えるものになりました。それは在日韓国人である私、そして法科大学院に通う私だからこそ日韓問題を「憲法」という切り口で考えたいと思ったのは、大学と大学院で憲法を学んだからです。「なんだ、この偉そうな学問は！」と学部生時代に感じたことが今となっては懐かしい限りです。

もう一つ、在日韓国人3世の私にしか書けないと感じた点があります。これまでたくさんの方々が日韓問題について書かれてきましたが、多くの本が日韓どちらか一方の視点に立たれているもので、特に在日韓国人の問題を扱う場合は、苦労された先人方を慮《おもんぱか》った本がほとんどでした。その理由は、これまでの著者らがまさしくその壮絶なまでの苦労を経験されてきた、あるいはその経験談を聞いてきた世代だったからでしょう。しかし、私は、在日韓国人3世であり、そのような苦労を経験していません（いじめや軽い差別などは比べるまでもありません）。だからこそ、良い意味でも悪い意味でも、日本と韓国、両方の視点を客観的に捉えることができるのだと感じます。

「韓国人です」という自己紹介も、「日本人です」という自己紹介もしっくりこない私は、ある人から見れば「愛国心のない、かわいそうな人間」なのかもしれません。しかし、特定の国家に帰属意識がないというのは、国益を超えた解決を考えなければならない場面ではひょっとすると大切な視座なのかもしれない。そう信じて、必死に書きました。

ところで、私が心から尊敬する偉大な人物の一人に、ベンジャミン・フランクリンという人物がいます。アメリカの独立に多大な貢献をした政治家であり、同時に物理学者でもあった非常に類まれな才能を持った傑物です。彼がこんなことを言っています。

"If you would not be forgotten as soon as you are dead, either write things worth reading or do things worth writing."
（死んだときに忘れられたくなければ、読まれるに値するものを書くか、書かれるに値することをしろ）

私は、まだまだ「書かれるに値する」ようなことをしてはいませんので、まずは「読まれるに値するもの」を書こうと努めました。

どこまで「読むに値するもの」だったかは皆さんの判断にお任せしたいと思いますが、憲法的な視点と在日韓国人3世の視点という新たな切り口を楽しんでいただければ幸いです。

2015年7月

鴨川沿いの自宅にて

徐東輝

はじめに

日韓のこと考えるために なんで憲法が大事なの？

日韓問題とは、日本人と韓国人の問題。それを日本で語るなら、日本という国が尊重する価値観をまとめたカタログ「日本国憲法」を読み、その価値観に沿った解決を図らなければならないのです。

1 自己紹介

皆さん、はじめまして。この本を書いている徐東輝と申します。

この本を通し、たくさんの方々と「日韓問題」を考え、しかもそこに「憲法」という視点で切り込んでいけることを本当に嬉しく思います。

さて、少し私の自己紹介の時間をください。せっかく皆さんに読んでいただく以上、書いているのがどのような人物なのかをぜひ知っていただきたいのです。

私は、大阪の堺という町に在日韓国人として生まれました。父も母も韓国人で、祖父母が韓国から日本にやってきたという形です。いわゆる「在日韓国人3世」ですね。

小学生の頃から、ずっと本名である「徐東輝」という名前を用い、読み方も「そぉとんふぃ」としていましたが、公立小学校であったので周りは日本人ばかり。名前やバックグラウンドのせいでいじめられてしまうこともありました。

そんな環境が嫌で、中学は地元の公立中学には進学せず、大阪市内にある韓国の民族学校に進学しました。ですので、3年間は韓国語の教育とともに、韓国の歴史や地理の教育を受けました。

その後、高校は奈良の私立に通い、京都大学法学部へと入学、現在は同法科大学院で学んでいるという次第です。

2 憲法との出逢い

大学で、初めて「憲法」というものに出逢いました。法学部生がみんな取る授業で、私もなんとなく憲法の授業を受けました。しかし、そのときに「なんとなく」学んだ憲法という概念に「なんとなく」心を動かされ、それ以来、「この謎めいた概念のもとになぜ国家がこうも華麗に運用されているのか」というポジティブな疑問が常に私の頭のなかにありました。

憲法については次の章で扱いますので、ここでは簡単になぜ私が「憲法」という概念に惹かれるのかをお話したいと思います。

皆さん、司法試験の科目はご存知ですか。司法試験の科目は、憲法／行政法／民法／商法（会社法）／民事訴訟法／刑法／刑事訴訟法の必修科目と、あとは選択科目（労働法や倒産法など）となっています。この中で、一つだけ異色なのが「憲法」なんです（もちろん、見方によってはそれぞれの法律も「異色」なのですが）。

なぜ、異色かというと、憲法だけは「国民→国」という向きの命令であり、他の法律に関しては「国→国民」という向きの命令なんです。つまり、国民が国に対して課しているルールといえるのが憲法なんです（ここはまたご説明しますね）。

私が最初に大学の講義でこの話を聞いたとき、「憲法ってなんかすげぇ偉いやつなんだな」という印象を受けました。そして、ミーハーな私は、一番偉い感じがする憲法にのめり込んでいったという次第です。

3 日韓の話

さて、日韓問題に話を戻しましょう。

「日韓問題」という言葉を聞いて、まずは皆さんどういったことを思い浮かべますか？

図1-1でだいたいのトピックを挙げてみました。

このあたりが、有名な「日韓問題」ですよね。

他には、領土問題（竹島・独島問題）や外国人参政権問題、通名の問題なども、よく争われている論点として挙げられますね。

図１−１

靖国神社参拝　高校無償化

ヘイトスピーチ　慰安婦問題

外国人生活保護受給

領土問題（竹島・独島問題）

通名の問題

歴史教科書

外国人参政権問題

本書では、このように「日韓問題」を「憲法」という視点から考えようとするものですが、まずは本書で扱う「日韓問題」についての定義をしたいと思います。よくよく考えると、「これって日韓問題だっけ？」というようなものを扱っていたりもするので、頭の整理のためにも、どのような問題をピックアップして、取り扱っているのかをご説明させていただければと思います。

さて、本書で扱う「日韓問題」とは、「日本と韓国に何らかの形で関係する（由来する）問題」と定義したいと思います。このように抽象的な定義にした理由は、なるべく広く、浅く、一般教養のように考えてほしいために、問題を限定をしたくないということが一つ。もう一つは、私が在日韓国人としてなんとなく、しかしなぜか執念深く追いかける問題というのは、大体がこの定義に当てはまる問題だったためです。ちなみに、別の定義では、「在日韓国人・朝鮮人たちが気にしてい

図1－2

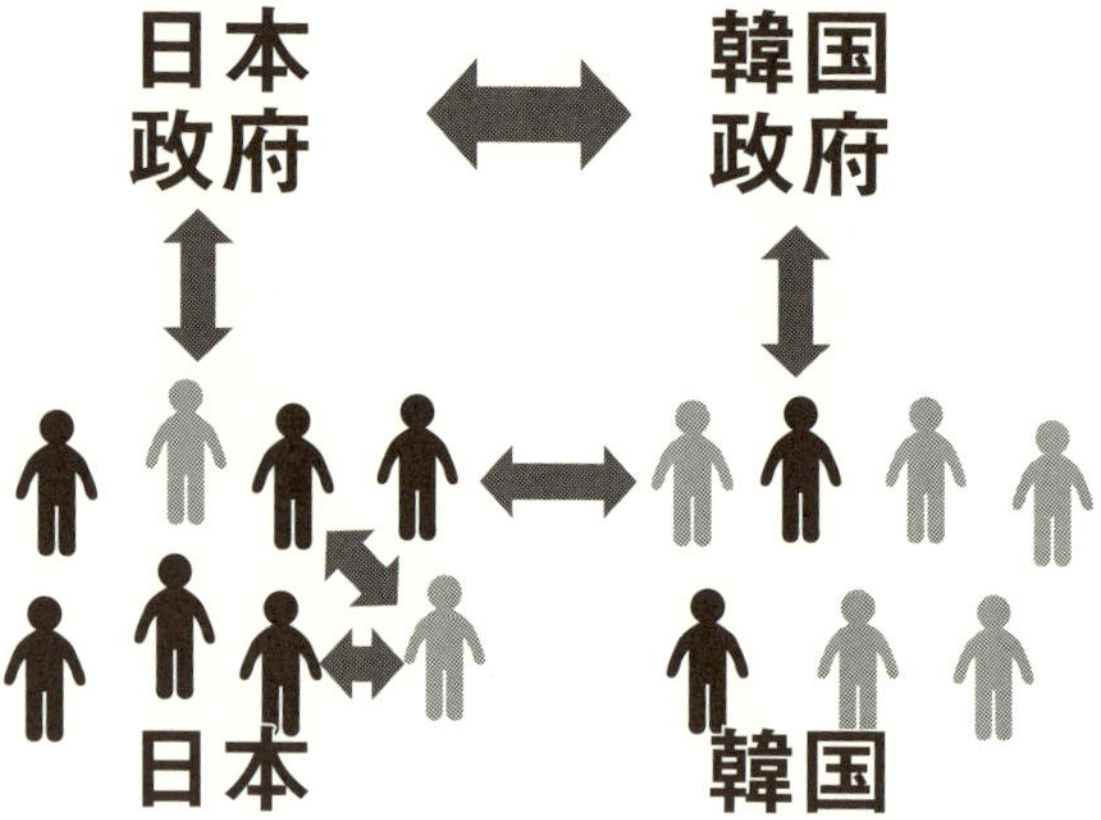

る問題」というのも考えていました。実際には、こちらのほうが正確なのかもしれません。

簡単な図を作ってみたので、参考にしながら見て下さい（図1－2）。

まずは図の見方を説明すると、左側が日本、右側が韓国と考えてください。そして、黒色が日本人、灰色が韓国人と考えてください。このように考えると、左側にいる灰色の人は、在日韓国人だと分かりますし、右側にいる黒色の人は在韓日本人ですよね。そして、本書でいう「日韓問題」は、矢印それぞれで起きている問題です。

もう少しこれを類型化してみましょう。

第一類型として、日本と韓国の国家間で問題となっているものがあります。政府間でお互いに抗議したり、政治家たちが公的に非難をしたりする問題です。たとえば、竹島・独島問題、靖国神社参拝問題、天皇陛下謝罪要求問題、歴史教科書問題、慰安婦問題などがこれに当たります。

第二類型として、日本に住む在日韓国人・朝鮮人と日本国政府あるいは日本人との間で問題となっているものがあります。ヘイトスピーチ問題や生活保護受給問題、高校無償化問題、外国人参政権問題などがあります。

第三類型として、なんとなく日本と韓国の歴史にまつわる問題となってしまっているものがあります。この類型については、曖昧な表現になってしまい申し訳ないのですが、真っ向から「日韓問題」とは通常いわれなくても、両国の歴史に由来する問題もありますので、このような形の類型として取り扱うことにしました。たとえば、国旗掲揚・国歌斉唱問題、特別永住者制度の問題、通名問題、NHK放送内容改変問題などがあります。

以上のように、類型化をしていますが、これは、どんな問題が「日本と韓国」あるいは「日本人と韓国人」の間に存在しているのかを皆さんになんとなく知っていただきたく区別したものですので、他の区分ももちろんありえると思いますし、類型を超えてまたがる問題もあります。ただ、本書にはいろいろな問題が出てきますが、どの当事者の間で問題になっているのかは一つの視点として持っていただきたいなと思っています。

ところで、このように見ると、実際には「日韓問題」でありながら、同時に「日中問題」でもあるものがありますし、あるいはより広義に「日本に住む在日外国人全員にまつわるもの」まで様々です。ですが、すべての問題に共通して、「日本と韓国に何らかの形で関係する（由来する）問題」であることは確かですので、このような定義をさせていただきました。「日本と韓国だけに特有の問題」のみを扱っているわけではありませんので、ご注意ください。

4 日韓のことを考えるためになんで憲法が大事なの？

さて、本題ですね。なぜ、日韓問題を考えるときに憲法という視点を持ってくるのか。実は私自身も最初からこのような視点を持っていたわけではありませんでした。

私が憲法に興味をもったのは大学の講義で学んだからというのは既に申し上げましたよね。そのときに、法律や憲法を学ぶうえで必須となるのが「判例《はんれい》」と呼ばれる、「過去に裁判所によって判断された判決、決定、命令」の数々です。この記録をたくさん読んでいくのですが、憲法の判例をたくさん読んでいく中で、在日韓国人が訴えを起こしていたり、日韓問題が絡んでいそうな事例がたくさんあることに気づきました。

そこで、ふと思いました。

「あれ、なんでこんなに憲法の判例で日韓問題っぽい例が多いんだろう」

確かに、他の領域（民法や刑法や会社法）に比べても、圧倒的に憲法で日韓に関する問題が取り上げられていました。今思えば、当然といえば当然だなあと当時を懐かしく思う

図1－3

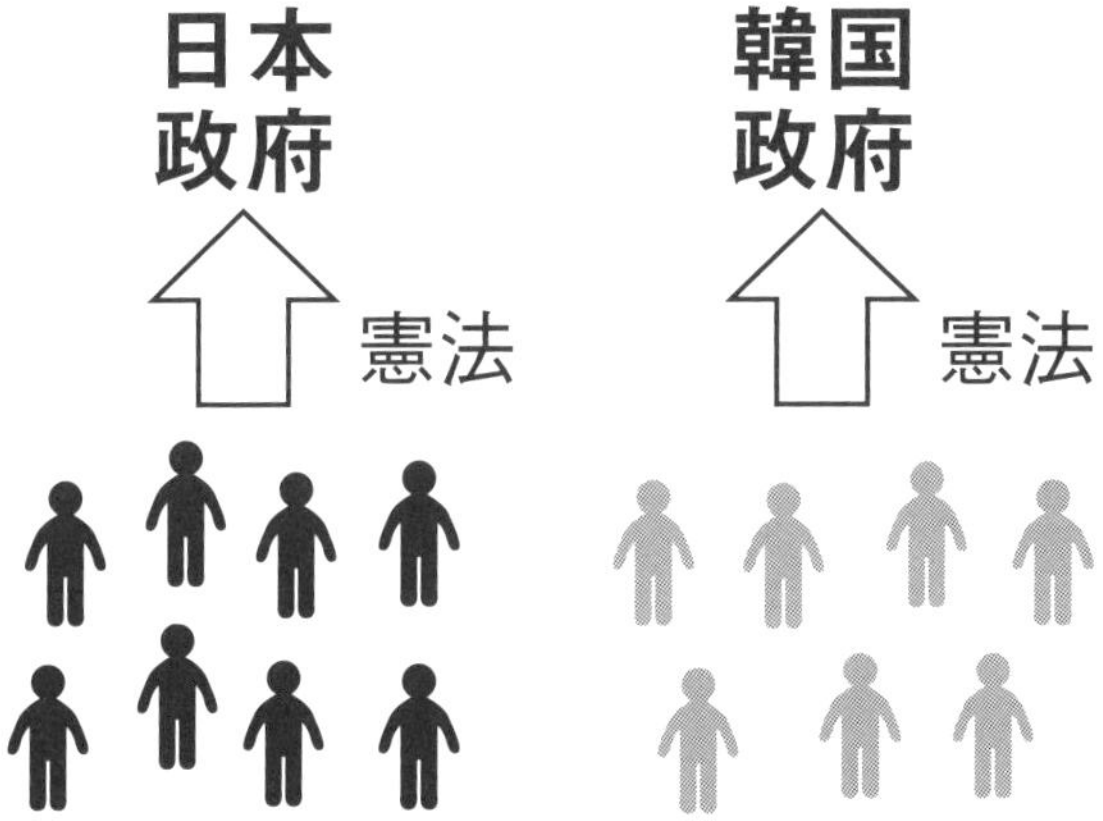

のですが、なぜ憲法がこんなにも日韓問題に関わってくるのかをお話ししたいと思います（日本国憲法の詳しい中身については、次章で考えますので、ここでは一般的な大枠の話をします）

憲法とは、「国のあり方を決めるルールブック」であり、「その国が何を大切にするのかという価値観を集めたカタログブック」です。そして、そのルールブック／カタログブックを作っているのは、他ならぬ国民であり、国民が国に対して、「国はこのルールにしたがって動いてください」、「この価値観を大切にし、それを侵害しないでください」と命令をしています。いま、巷で議論されている「憲法の国民投票」というのは、つまりは国のルールブックを国民が最終的に作らないといけないので、そのための「投票」のことなんですね。

図1－3を用いるとこんな感じになっています。

日本に日本国憲法があるように、韓国にも大韓民国憲法があります（余談ですが、中身もとっても似ていたりします）。

国家、政府がなぜ権限を行使して国民に義務を課したり、実際に税金を徴収したり、犯罪者を裁いたり、国家として行動ができるかというと、国民が課した憲法というルールにもとづいているからです。これを難しい言葉で、「国家の正統性は憲法に由来する」といいます。

国家が動くとき、そこには憲法の根拠があり、常に憲法という概念がその行動を縛っているのです。

たとえば日本国が日本人と在日韓国人について異なる取り扱いをすれば、「それって憲法的に大丈夫なの？」と憲法（日本国憲法）が問いかけます。在日韓国人が日本国に対して権利を主張する場合には「憲法（日本国憲法）を見てください！」と主張します。これは、「国家というものはまず憲法を守らなければならない」という命令があるために、憲法を守っていなかったり、守ってほしいとお願いしたりするときには当然、人々は「憲法を守ってください」とお願いをするということです。

このように考えると、日韓問題に憲法がたくさん関連してくるのはある意味で当然ともいえますよね。国に対する主張であったり、国家による行動、政治家による行動が問題になったりするわけですから。

ですが、日韓問題を憲法という共通の視点で語った本を見たことがなく、ひょっとすれば日韓をめぐる様々な問題を憲法という視点で語る方が増えれば、また現状とは異なる議論が展開されるのではないか、日韓の未来は、憲法にヒントがあるんじゃないかと期待し、本書を書こうと決意しました。

念頭に置いているのは常に「日韓関係にもっと明るい光が差すように」ということで、それは在日韓国人である私個人としても目指すべき未来です。何もつらつらと日韓のことを書いているわけではなく、どうすればお互いにとってより良い未来になれるのかという視点を持っています。両国のネット上では「国交を断絶すればいい」「日本（韓国）とは付き合わない方が国益に資する」ということが漫然と書かれたりもしていますが、隣国との政治的・経済的・文化的・研究的交流のために、そして東アジアにおける安全保障のために、日韓両国とその国民どうしがより良い未来を模索することが国益に反するとは一切思いません。

本書を通して、皆さんの中にも少し光が差すようになれば、これほど嬉しいことはありません。

5 本書は何をするのか

さて、では日韓問題で生じている対立をどのように解消しうるのか、本書がどのように

図1−4

ヘイトスピーチ問題を例に

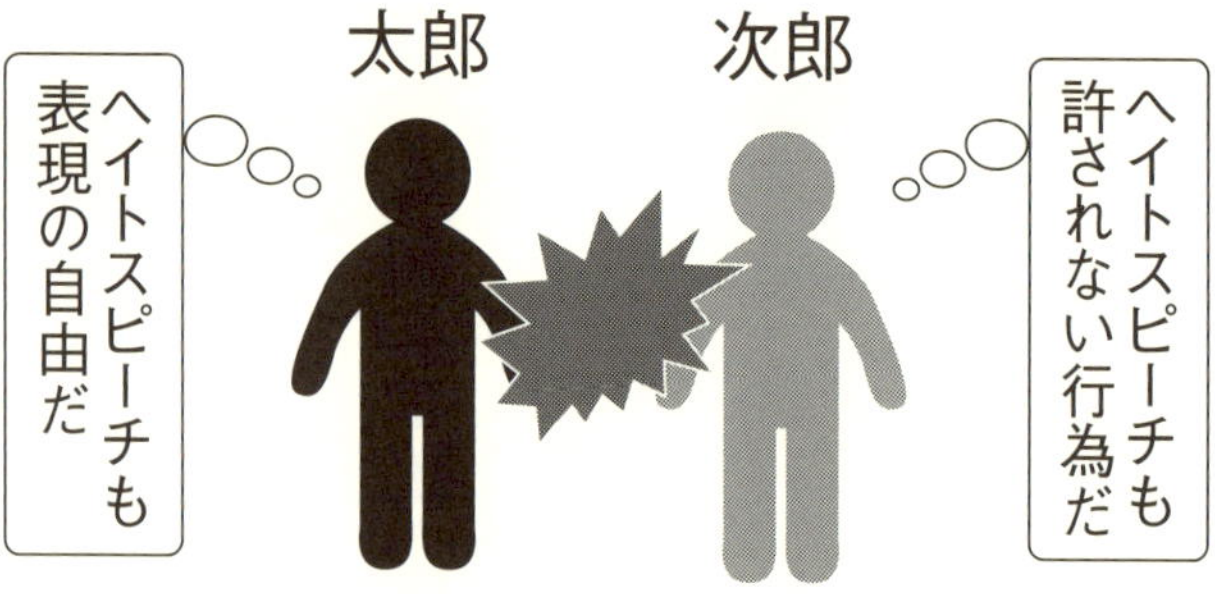

その解消のお役に立てるのかを考えたいと思います。

私は日々日韓問題でたくさんの方と語り、思考する中で、どこでどういう対立が起きているのかということを構造的に理解できたので、ここではまずそちらをご紹介したいと思います。

ヘイトスピーチ問題を例にとってみます。図1−4のように、太郎さんと次郎さんは意見が対立しています。太郎さんは「ヘイトスピーチとはいえ、これも表現の自由に入るのだから、憲法で保障される」と考えています。次郎さんは「ヘイトスピーチは許されない行為だ」と考えています。二人は明らかに対立しているように見えますよね。

では、次に彼らがなぜそのような意見を持っているのか、「なぜですか?」と別々に問いかけてみましょう。

図1−5

太郎さんはいいます。「A・B・C・Dということから、私はヘイトスピーチが表現の自由として保障されると考える」

これに対して、次郎さんはいいます。「A・B・E・Fという事情から、私はヘイトスピーチは表現の自由で保障されず、規制されてしかるべきだと考える」(図1−5)

もう一度、次は別の質問をしてみます。太郎さんには、「E・Fという事情を知っていましたか?」と尋ね、次郎さんには、「C・Dという事情を知っていましたか?」と尋ねてみると、意外なことに二人は「知らなかった、なるほど…」と言いました。

では、本書はどういう役割を果たすのか。

本書には次のように書かれています。「A・B・C・E・X・Yは正しき根拠でしょう。しかし、

図1−6

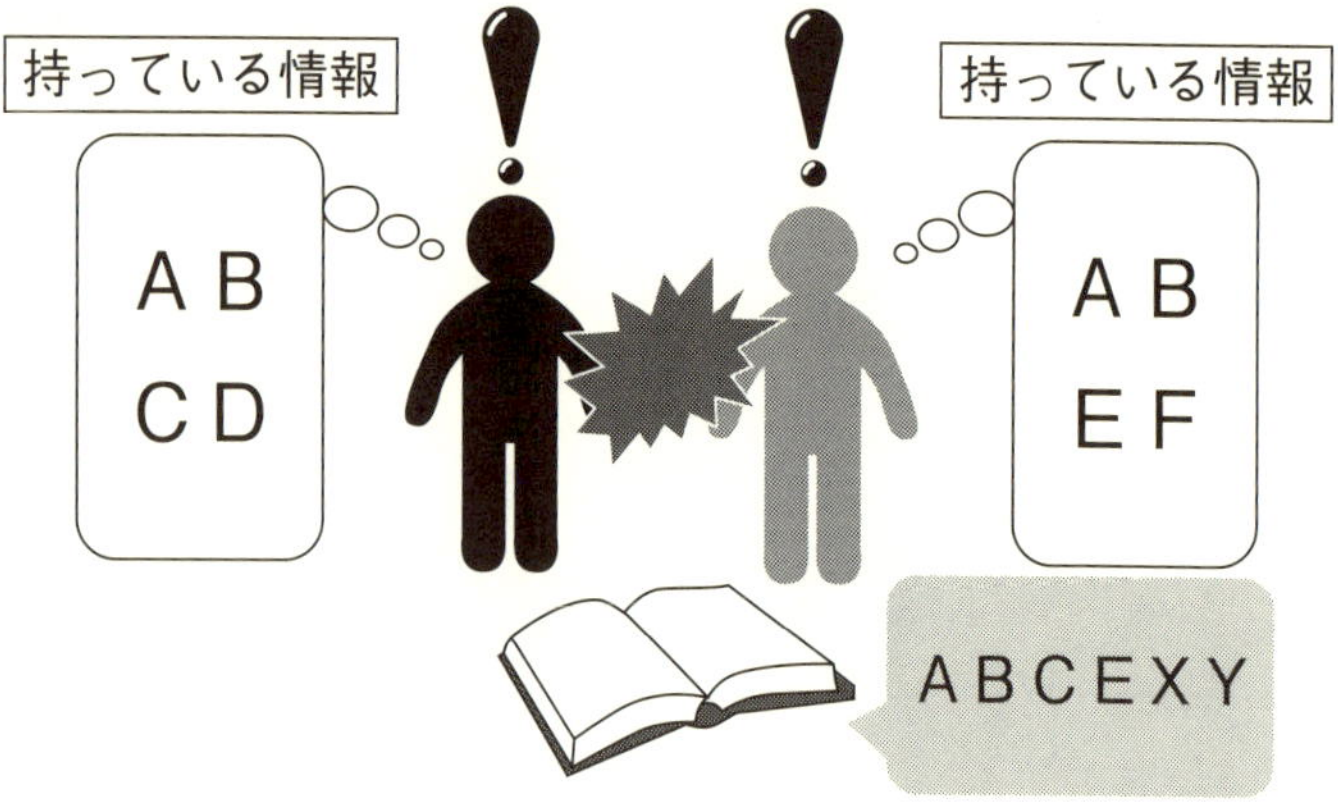

DやFは誤っています。」と（図1−7）。こうすることで、太郎さんも次郎さんも「共通の事情、情報を持ってそれぞれの判断を下す」ということが可能になります。もちろん、共通の情報をもとに議論するだけで対立がなくなることもありますし、そうではなくても、どこでどう対立しているのかが鮮明になります。

本書は、すべての問題について全事情を網羅的にピックアップし、説明するということは紙面の都合上できませんが、憲法の視点から述べるべき点に加えて、他の視点もできる限り取り込みました。皆さんがそれぞれの問題を考える上では、なぜこれが問題になっているのみならず自分とは異なる意見を持っている方はどのように考えるのかを考えていただければと思います。

そして、最後に、とても大事な「なぜ憲法なのか」ということを説明させていただきます。

図1-7

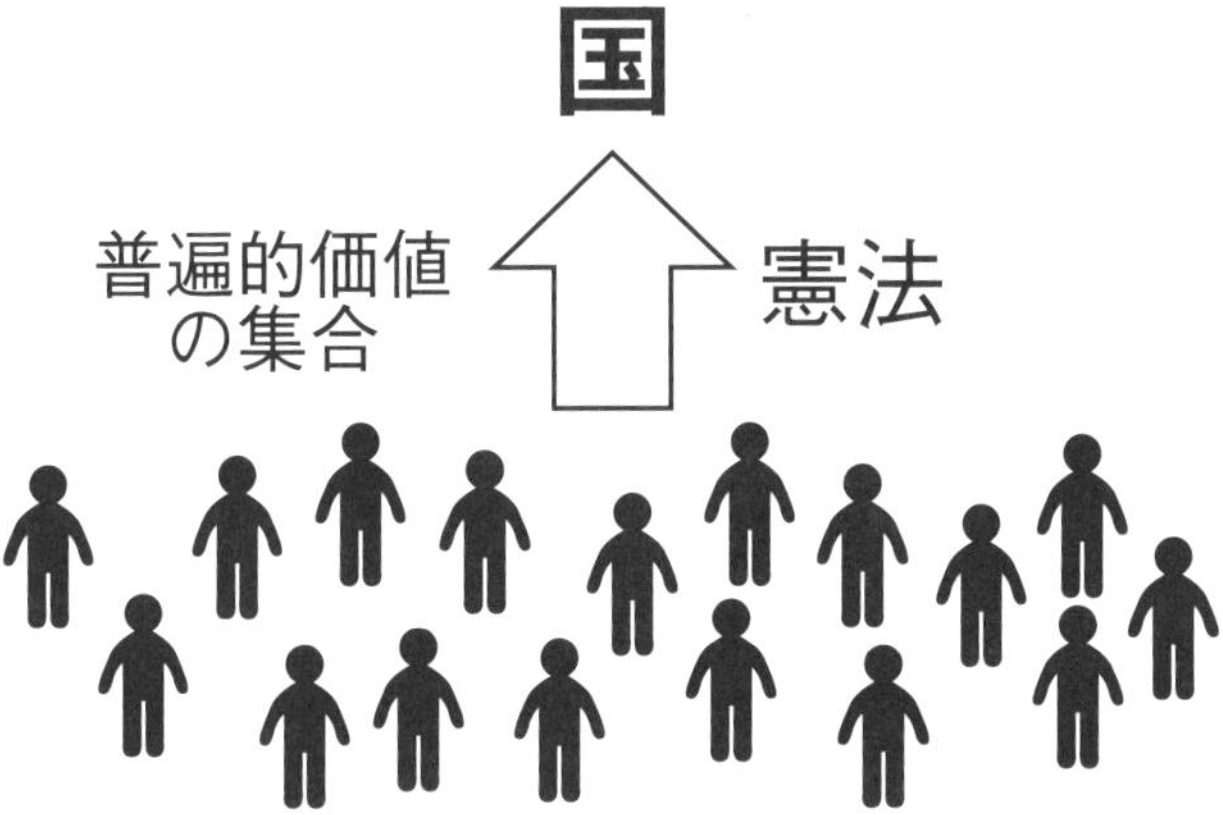

何度もいうように、人々が集まって国をつくり、国に対して「憲法」というルールを課しています。このルールには、その集合体としての人々が大切にする普遍的価値が具体化されています（図1-7）。つまり、「この国が守るべき、実現すべき普遍的価値は何ですか？」と問われれば、「憲法を見れば書かれていますよ」ということになります。

とすれば、人々が自由や権利、義務を国と争うとき、「日本という国が守るべき普遍的価値を見てください」と憲法に則って主張することができます。逆にいえば、憲法を見ればこの国が守るべき普遍的価値が書かれているのだから、日韓の問題もそれをもって考えれば解決の糸口になるかもしれない、光が見えてくるかもしれないのです。

6 「在日」ってどういう人たちですか？

この本では、たくさんの場面で「在日韓国人」あるいは「在日韓国・朝鮮人」という言葉が出てきます。日韓関係を語る場面では常に現れる登場人物で、この言葉はどういった人々を意味しているのかを知ると、それぞれの問題の理解がグッと深まるはず。そこで、本章に入っていく前に、この言葉が示すこと、そして彼らにまつわる歴史的な経緯を簡単にご説明し、皆さんの理解の一助になればと思います。

まず「在日」というのは基本的に日本に定住している方々を指すので、日本に定住する韓国人、朝鮮人にはどういった人がいるのかを考えると、次のような大別ができるでしょう。

① 大戦末期までに来た方々
② ①の子孫
③ 戦後、しばらくたって、「外国人」として日本に来た方々

１９１０年の日韓併合以降、「大日本帝国」となった朝鮮半島からはたくさんの人が渡来し、終戦までの間に日本に定住する方もたくさんいました。そして、終戦を迎えた後もそのまま日本に住むようになった人々が現在もいます。彼らはしばしば「1世」と呼ばれます。「日本に住むようになった最初の世代」という意味合いですね。これが①の人たちです。当然のことながら、1世の方々はもともと朝鮮半島に住んでいたため、朝鮮語（韓国語）を母語として話す方がほとんどです。長く日本に住んだ結果、日本語も母語のように話せるようになった方もたくさんいらっしゃいます。

②はこの「1世」の方々の子孫に当たります。つまり、日本で生まれ育った方々です。ただ、もちろん一定期間祖国に戻ったという場合があったりするので、生まれてこの方ずっと日本というケースばかりではありません。ちなみに、「1世」の次の世代ということで、子どもたちの世代を「2世」、孫たちの世代を「3世」、曾孫たちの世代を「4世」といいます。私自身も「3世」に当たります。話す言葉はというと、これも複雑で、2世の方々は親世代が朝鮮語（韓国語）を話すために同じく話せるという方も相当数いらっしゃいます。逆に一切話せないという方もたくさんいらっしゃいますね。私の母が前者で父が後者です。

そして、③のような方々ももちろんたくさんいらっしゃいます。ビジネスなどの都合で、日本にやってきて、そのまま定住することになった方々です。中には、「ニューカマー」というい方をする場合もあるようですが、個人的にはなんとなく明確な区別がされているようで好きな言葉ではありません。当然ですが、日本語よりも韓国語・朝鮮語を母語とされる方がほとんどです。

なお、あえて挙げてはいませんでしたが、帰化した方々もたくさんいらっしゃいます。帰化した方々も含めて、「在日韓国人・朝鮮人」ということはあまりありませんので、本書でも在日韓国人らの問題を考える上では基本的に帰化した方々を含んではおりません。

ところで、全く別の視点からのお話をしてみたいと思います。いわゆる「在日」と言われる方々の国籍がどこか、みなさんは正確にご存知でしょうか？

よく、「韓国籍」と「北朝鮮籍」でしょ。といわれるのですが、実はそれは誤りです。確かに、いま朝鮮半島には2つの国、「大韓民国」と「朝鮮民主主義人民共和国」があるから、朝鮮半島からやってきた人々は、その2つの国籍のどちらかだろうと誤解してしまうのも無理はありません。しかし、実は「北朝鮮籍」というのは存在しません。現状の外国人登録制度では、国籍表示については「韓国」と「朝鮮」という2つの表記が存在しています（「北朝鮮」という表記はありません）

その経緯を少しお話しします。1947年5月2日、明治憲法下最後の勅令として外国人登録令が施行され、当時の植民地であった朝鮮の出身者は日本国籍を持ちながらも外国人としてみなされることになりました。そして、外国人登録上、国籍等の欄には出身地である「朝鮮」という表記をすべての朝鮮出身者に適用しました。その後、1948年になって、朝鮮半島には韓国、北朝鮮の両政府ができ、1965年の日韓基本条約批准を経て、1960年代後半から外国人登録の表示を「朝鮮」から「韓国」に切り替える人が増えて

表1―8

国籍	在留数（人）	特別永住者(人)	一般永住者(人)
中国	654,777	1,596	215,155
韓国	501,230	354,503	65,711
フィリピン	217,585	47	115,857
ブラジル	175,410	28	111,077

（法務省「平成26年末現在における在留外国人数について」）

いくことになります。

このような流れで、いま日本には「韓国」籍と「朝鮮」籍の2つの表記があり、「在日韓国人」あるいは、「在日朝鮮人」、「在日コリアン」といわれる子どもたちはそのどちらかの国籍を持っていることになります。

別の見方をすれば、朝鮮籍を持っているから北朝鮮にルーツがあるというわけではなく、北朝鮮に親和的な感情を持っているというわけでもありません。もちろん、韓国籍を持っているからといって韓国にルーツがあるというわけでもなく、どちらの国に肯定的な感情を持っているかということが一概に決まるわけではありません。むしろどちらも支持しないという方もいます。

さて、皆さん、国籍の話が出てきたので、「特別永住資格」についても簡単にご説明させていただこうと思います。表1‐8をご覧ください。

これは、平成26年末現在の在留外国人数について法務省が発表しているものです。比較のため、永住者が多い

4ヶ国を挙げてみました。ちなみに、中国人の統計には台湾人も含まれています。「在留数」というのは、永住者でない中長期滞在者も含めての数です。一見してわかるように、永住者には2つのパターンがあり、「特別永住資格」という資格の方については韓国の方がたくさんいらっしゃいますね。

実は、この「特別永住資格」というのは、終戦前から日本に居住し、サンフランシスコ講和条約の発効（1952年）で日本国籍を失った在日韓国・朝鮮人とその子孫に対して認められた永住許可のことです。サンフランシスコ講和条約とは、日本が連合諸国との間で結んだ平和条約ですが、この条約で正式に朝鮮半島や台湾が日本の領土ではなくなり、朝鮮人・韓国人、台湾人らは日本国籍を喪失します。その際に、日本国にとどまることになった彼らに対して、日本国政府が「協定永住許可」として在留資格を認め、時を経て「特別永住資格」という制度になりました。

一般永住者と異なるのは、海外に旅行などに出掛けて日本へ帰ってくる際に、入国審査で顔写真の撮影や指紋採取を省かれます。

このまま歴史的経緯から在留資格を認められるようになったものが「特別永住資格」であり、一定の条件を満たせば認められる「一般永住資格」とは異なるため帰化の要件なども特別永住者は緩やかになっていたりします。

もっとも、この特別永住資格は、子孫にも認められるようになっていまして、私自身も特別永住者です。ですが、終戦直後の特殊な事情によって認められた在留資格をその後も永続的に子孫にも与え続けるのはどうなのかという議論は当然出てくる話でしょうし、私自身もそこについて議論すること自体に異議はありません。

さて、このように、一口に「在日韓国人・朝鮮人」といっても、バックグラウンドは複雑で、一概に語られるものではありません。そして、最後に一つだけお断りしておきたいことがあります。ここまでお話ししてきた通り、多種多様なバックグラウンドがあり、本来であればこのような方々を一括りにできる呼称などはないのですが、本書では一応、「在日韓国人」といういい方で統一させていただければと存じます。他にも「在日朝鮮人」や「在日コリアン」、「在日同胞」など、たくさんの呼称があるのですが、文章の読みやすさなどを踏まえ、このようにしております。もっとも、恣意的に別の呼称を用いているところもありますが、そのあたりは文脈から意味を読み取っていただければと思います。

それでは、少し前置きが長くなってしまったかもしれませんが、本章をお楽しみください。

第1章

憲法ってなんでしょう？

　憲法とは、国のあり方を決めるルールブックであり、その国が何を大切にするのかという価値観を集めたカタログブックです。国と人の関係を見るにはまず憲法を見るのです。

1 憲法とは

1・1 憲法ってなんでしょうか

さて、皆さん、いよいよ本題に入っていきましょう。

とはいえ、いきなり日韓問題を憲法の視点で話し始めたところで、憲法そのものの理解・説明がないままでは意味がありません。まずは憲法というものがどういった存在で、それがどういう働きをしているのかを皆さんと考えてみたいと思います。

定義

何よりも、まずは定義から入りたいと思います。憲法とは、いったい何でしょうか。

「憲法を一言で説明してください！」

こんな問いかけがきたとき、実はうまく説明できないという方は多いのではないでしょうか。ある概念を一言で説明する、余計な肉をそぎ落とし、その本質のみを的確に表現するって、実はとても難しいですよね。もちろん、今の段階では定義ができなくても何も問題はありません。今から説明する定義を、是非本章が終わった頃には納得して理解していただければ幸いです。

憲法とは、国民がこの国のあり方を決めたルールである。

どうでしょう、皆さん。ピンと来ますか。まだピンと来なくても大丈夫です。実はこの一言には、大切な要素が2つあるのですが、1つずつ見ていきましょう。

国民が定めるルール

1つは、「憲法とは、国民が決めたルールである」という要素。つまり、憲法とは国民が直接に制定するものなのです（これを難しい言葉では、「憲法の制定権は国民にある」といいます）。

ですから、憲法の場合、国会議員や地方議員を選ぶ選挙とは違って、憲法を制定・改正するための特別な投票システム＝「国民投票」というものがあります。選挙権と国民投票権とは、実は全く違う権利なんですね。

選挙では、皆さんは自分たちの代表として議員さんを選び、皆さんの代わりにこの国や地方を創る代表者を議会へと送り出します。彼らは、法律・条例を作り、行政を監視し、皆さんの住む国と街をより良いものへとしていきます。

しかし、憲法の国民投票では、皆さんの代わりはいません。皆さんは、自分の手で、「憲法」を決めるのです（もっとも、国民投票に出てくるのは、国会議員の方々が発案し、議会を通してきた憲法草案であるので、各条文の細かいところを作っているのは議員さんたちです。しかし、皆さんはそれにＹｅｓかＮｏの意思を表明することで、それが自分たちが納得のいく憲法なのかどうかを決めることができます）。

国のあり方を決めたルール

２つ目は、「憲法とは、この国のあり方を決めたルールである」という要素です。

憲法には第１条から第１０３条までの条文がありますが、これらすべての条文が、「日本という国がどうあるべきか」を定めています。たとえば、憲法41条や83条を見てみましょう。

> 憲法41条
> 国会は、国権の最高機関であつて、国の唯一の立法機関である。
> 憲法83条
> 国の財政を処理する権限は、国会の議決に基いて、これを行使しなければならない。

憲法41条がいう「国権」とは何を意味するのか、「最高機関」とはどういう意味なのか、といった細かい解釈については、憲法学の世界でも議論されているところですが、そこは本質的にここで問題にすべきものではありません。とりあえず、「国会というのは、国を代表する最高の機関であって、法律を作ることができる唯一の場所ですよ」ということを憲法41条はいっています。

憲法83条はまさに「読んで字の如し」ですよね。国の財政については、国会の議決があって初めて処理ができるのです。よく政治の世界で出てくる「予算案」というのは、行政の各部門が「今年はこれくらいの予算がかかりそうですので、国会議員の皆さんこの予算で承認してください」と国会に提出するものです。国会議員の皆さんは、これをしっかりと精査して、「ここは使い過ぎなんじゃないかな」、「ここはもっと増やしたほうがいいんじゃないか」と議論を交わしていき、最終的に「予算」として国会で議決がなされます。

この2つの条文は、「国のあり方」を定めたルールとして非常にわかりやすいですよね。憲法の条文というのは、こういう感じにたくさんの「国が守るべきルール」が並べられたものなんです。皆さんの会社における定款であったり、サークルにおける規約と同じ働きです。その組織（憲法でいうと国家）がいかにして動くのか、意思決定はどうするのか、構成員（憲法でいう国民）をどう扱うべきなのかについてのルールのカタログブックなんですね。

ですので、憲法というルールがあって、初めて国家が成り立ちます。国家があって憲法があるのではありません。それはまさにルールがあって野球が成り立つのと同じ関係です。

以上のような2つの要素を持つ「憲法」ですが、次はもう少し突っ込んだ質問をしてみたいと思います。

憲法って法律ですか？

憲法を更に深く理解するために、次は法律との違いを考えてみましょう。

憲法と法律の違い

「憲法」というと、その言葉に「法」という言葉が入っていて、「民法」や「刑法」と似ているような気がしませんか？

でも、実は憲法と法律は全く異なる概念であり、憲法は法律ではありません（ちなみに、民法や刑法は法律です）。何がどう違うのでしょうか。それは先ほどの憲法の定義と、法律の定義を見比べてみるとわかりやすいですよ！

法律の定義

では、「法律」を定義してみましょう。

少しヒントを出したいと思います。先ほど申し上げたように、民法や刑法は「法律」です。そこで、民法と刑法から1つずつ、わかりやすい条文を具体例として出してみました。

民法709条
故意又は過失によって他人の権利又は法律上保護される利益を侵害した者は、これによって生じた損害を賠償する責任を負う。
刑法199条
人を殺した者は、死刑又は無期若しくは五年以上の懲役に処する。

民法709条は、不法行為がなされたときの損害賠償責任について定めたルールです。故意や過失（"ミス"のことと思ってください）で他人の権利や利益を損なってしまった人は、その損害を賠償しなければならないということを定めています。

刑法199条は、殺人罪について定めたルールです。人を殺した場合に与えられる罪罰が定められています。

もしこれらのルール（法律）がなければ、社会はどうなるでしょうか？たとえば、私が友人の本をビリビリに破いても、民法709条がなければそれを弁償する必要はありません（裁判所に訴えられても法律がないので大丈夫です）ので、嫌いな友人の本を破くかもしれません。あるいは、殺人罪の規定がなければ、人を殺したところで何も罰せられないのですから、そこら中で人殺しが起きてしまうかもしれません。

少しずつ「法律」の特徴が見えてきましたか。次は法律の定義を見たいと思います。

社会生活の秩序を維持するために、統治者や国家が定めて人民に強制する規範（大辞林第三板）

制定権者の違い

すごい、憲法と全然違いますね。

まず、法律とは、「統治者や国家が定め」ます。国民の皆さんが直接定めるのではなく、国家が定めます。憲法は皆さんが定めなければなりません。これは大きな大きな違いです。最初にお話ししたとおり、憲法とは、最終的に国民による国民投票によって改正するかどうかが決まります。

これに対して、法律は、国民の代表者である国会議員の皆さんが国会議事堂で賛否を表明し、作られていきます。皆さんは、一つひとつの法律に対して賛成・反対の表明をしたことはないですよね。

このように、「誰が」定めているのかで、憲法と法律には大きな違いがあります。

では、次に、「何を」定めているのかの違いを見てみましょう。

図2−1

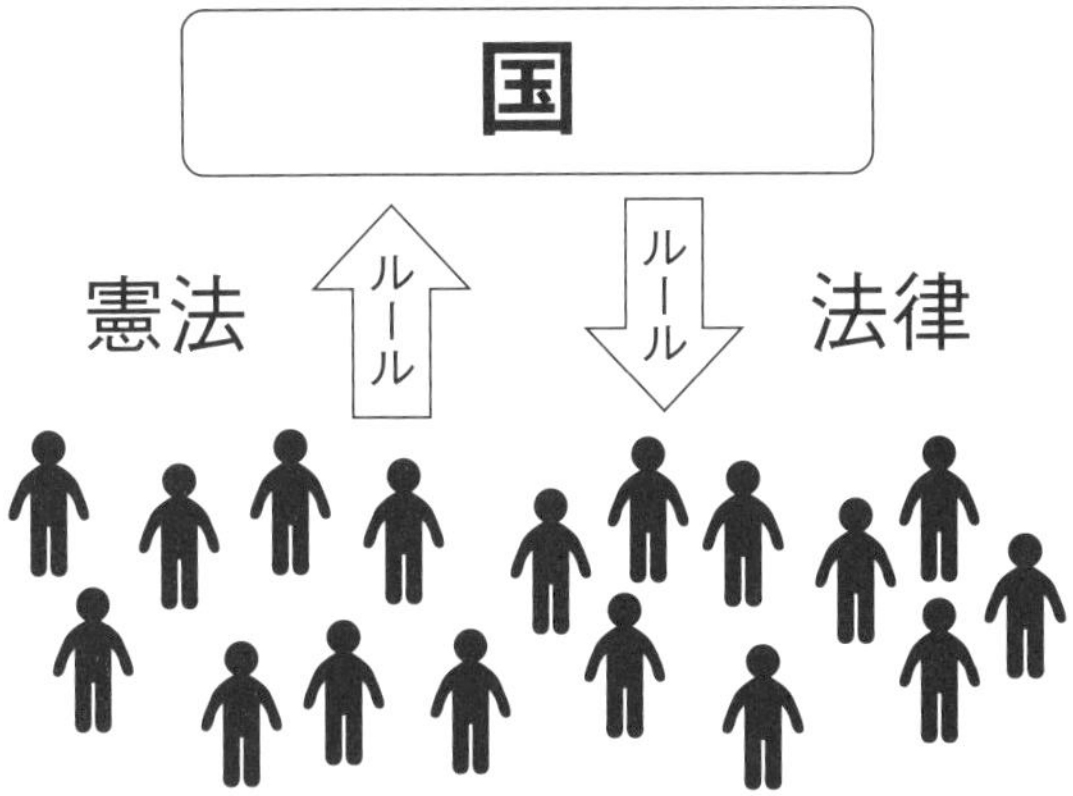

中身の違い

先ほどの定義を見てみると、法律とは「人民に強制する規範」であるとなっています。法律は、人民（国民）に対して下す命令であって、「国民の皆さんはこれこれこうしなさい」という法律に人民（国民）は従わなくてはなりません。

憲法はどうでしょうか。皆さん、思い出してください。憲法とは、「国のあり方を定めたルール」です。つまり、国民の皆さんが「国はこれこれこうしなさい」と定めているんですね（図2−1）。

もっとわかりやすくいうと、それぞれ守らなければならない主体（主語）が違うんです。憲法を守らなければならないのは、「国家及び実際に国家として動く公務員（政治家も含む）」です（憲法99条）。これに対して、法律を守らなければならないのは、もちろん「国家」もそうですが、「国民」である場合もあるのです。

最高法規「憲法」

そして、憲法98条に定められているとおり、常に憲法は最高法規であり、憲法に反する法律は無効です。憲法に反する法律なんて作ってはいけません。

たとえば、憲法14条は「法の下の平等」というものを定め、国家が人々を人種や性別によって差別することを禁止しています。にもかかわらず、国家が法律で「すべての会社では、女性の給料は男性の給料の半分とする」なんてことを決めてしまった場合、そのような法律は憲法14条に反するので無効になるんです。

どうして、「憲法に反する法律は無効になる」なんてことが言えるんでしょうか？ そもそも、なぜ憲法が最高法規なのでしょうか？

なぜ国家が勝手に作った「法律」で、国家が国民の権利や自由を制限し、義務を新しく作ることができるのか、その理由を考えたことはありますか。実はそれは憲法に根拠があります。つまり、国民の皆さんが「私たちが決めた『憲法』というルールに従ってくれるのであれば、私たちの代表である国会議員や地方議員が議会を通して作る法律によって私たちの権利や自由を縛ってもいいですよ」と憲法で言っているんですね。

だからこそ、憲法に違反する法律は禁止されます。仮に作ってしまったとしても無効になります（これまで憲法違反を理由に無効になった法律の例は9つあります）。

憲法は私人の関係のためにあるものではない

最後に、大切な視点を一つ出したいと思います。もっとも、この視点はこれまで述べてきたことを裏側から言うようなもので、何か真新しいことを言うわけではありません。

憲法は、私人の関係を規律するものではありません。

憲法とは、国家のあり方について規律したものであり、これに対して国民どうしのあり方、秩序を規律したルールが法律です。

たまに、「悪口を言っちゃいけません」という人に対して、「憲法で保障された表現の自由だ！」との反論を耳にします。しかし、正確には、憲法で保障されているのは、「国家によって表現の自由が侵害されない」ということであって、「国民どうしがどういう表現を使おうと自由ですよ」と言っているわけではありません。国民どうし、私人の関係におけるルールは、やはり法律です。ですので、あまりに行き過ぎた悪口になると、名誉毀損罪（刑法230条）や侮辱罪（刑法231条）の罪に問われますし、先ほど出てきた「不法行為の損害賠償責任」（民法709条）を負うこともあります。

憲法は、私人の関係を規律するものではないということも押さえてくださいね。

2 人類の創りだした国づくりの根幹

2・1 憲法の歴史

憲法ってずっと昔からあるの？

ここまで、憲法の定義や法律との違いを考えることで、「憲法とはなんぞや」という問いに答えてきました。

しかし、実はこの「憲法」という概念は、この数百年のうちに出てきた（編み出された）ものでして、政治のあり方として昔から当然のものではなかったのです。

憲法ができたのは、いつなのでしょうか。日本人が「憲法」という言葉からまず連想するのは、「聖徳太子の業績として有名な」「十七条の憲法」かもしれません。しかし、飛鳥時代に制定されたとされる「十七条の憲法」は、官僚や貴族に対する道徳的な規範、心得を定めたものであり、行政法的な役割を果たしていました。国民が国家のあり方を定めたルールとしての「憲法」（これを近代に編み出されたという意味で「近代的意味の憲法」

といいます）ではありません。

このような「近代的意味の憲法」とは、特に人権保障と権力分立という2つの特徴を持った憲法を指しますが、なぜこのような「憲法」というものが世界に生み出されたのかについて、見ていきましょう。

ヨーロッパから始まった憲法

憲法の原点となったとされているのは、1215年にイギリスで制定された「マグナ・カルタ」です。これは、当時、イギリスの議会を構成した貴族が、国王の勝手な課税などの専制行為を禁ずるために、国王との間で交した合意文書のことです。その後、1628年の「権利請願」、1689年の「権利章典」などによって、イギリス人が古来より有する権利・自由を国王に認めさせる、すなわち国王の権限を制限して国民の自由や権利を保障するという統治概念が創りだされていきました。

やはり、その根底にあったのは、国家権力の暴走を防ぎ、国民を保護するという目的です（もっとも、厳密にいえば、これら3つの文書は〝貴族〟や〝イギリス人〟という特定の身分の者の特権〈権利や自由〉を保障するものであって、人が人であるということだけを理由に「人権」として彼らの権利や自由を守るというものではありませんでした。「近代的意味の憲法」はこれより後になって出てきたものです。）

図2-2

その後、フランス人権宣言（1789年）において、人権保障と権力分立の二本柱が高らかに宣言され、「近代的意味の憲法」の幕が開くことになります。

社会契約と立憲主義

以上のような過程を経て、「近代的意味の憲法」というものが生まれたのですが、より根本的に、どのような思想が「憲法」（今後、「憲法」というのは、「近代的意味の憲法」を指します）なるものを生み出したのかをもう少し考えてみたいと思います。

まず、国家が何もない状態（自然状態といいます）を想定します。これから国家を創るということを想定し、今は何もない状態と考えてください（図2-2）。

この絵の中では、身体が大きい人ほど社会的に

図2−3

強い人（原理的には身体的に強い人、あるいは経済的に、もしくは政治的に強い人）であり、身体が小さい人ほど社会的に弱い人であると考えてください。

弱肉強食という言葉にもあるとおり、国家も何もない中でこのような自然状態にあっては、必ず強者が弱者を搾取します。あるいは弱者の権利や自由を奪い取ってでも強者は自身の利益を拡大しようとします。

しかし、そのような在り方はもちろん理想的ではありません。このままのシステムでは、個々人が、人として生まれながらに持つ権利を十分に保障されることはないでしょう。すべてが自らの力に委ねられるため、力の弱い者は権利を実現できませんし、力の強い者は過度に権利を行使するおそれがあります（図2−3）。

そんなとき、皆が集まって、次のような契約を結びます。「私たちは生まれながらにして持つ権

図2-4

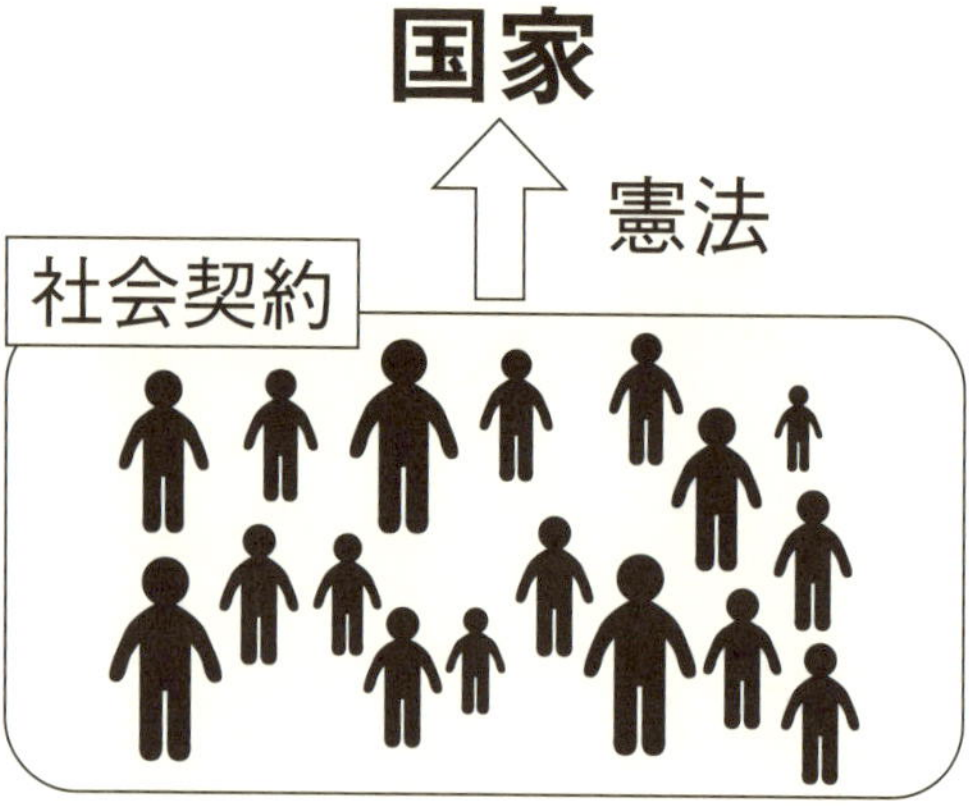

利がありますが、それを実現するために、〝国家〟を作り、国家に私たちの支配権を渡します。国家はこの支配権を用いて、国民の権利・自由を実現します。この支配権は、本来的には私たち国民が持っているものを国家に預けるというものです。ですので、国家がその支配権を用いるときは、ルールに則って用いなければなりません。

これがいわゆる「社会契約」といわれる概念で、憲法とは、この契約の文書として様々なルールを集めたものになります（図2-4）。

つまり、国家を作っているのは国民であり、神や王ではありません。国家が持つ権力というのは、すべて国民に由来します。そして、その国家権力の支配権を国家が使うとき、国民が作ったルール＝憲法に則った使用に制限されます。このようにすることで、国民の権利と自由は国家という上位概念で実現され、強者による搾取の支配がなされなくてすむのです。

2・2 日本国憲法の歴史

さて、それでは次に、日本国憲法の歴史についてお話ししましょう。（本書ではここから先、特に断りなく「憲法」というときには、日本国憲法を指します。ここまでは一般的な憲法の話をしてきましたが、これ以降は日本国憲法の話になりますので）。昨今、憲法改正の国民投票実施が現実味を増してきて、これに関する議論が非常に国家、メディアも含めて活発になってきていますので、この機会にぜひ考えてみましょう。

制定過程

憲法の制定過程を話すに当たっては、1945年8月14日のポツダム宣言の受諾にまで遡らなくてはなりません。日本が降伏する際に受諾したこのポツダム宣言には、降伏のための条件が提示されていました。その中でも特に重要なのが、第10項と第12項です。要約しますと、次のようなことが日本国政府に求められました。

①民主主義的傾向の復活強化（第10項）
②基本的人権の尊重強化（第10項）

③平和的傾向を有し、かつ、責任ある政府の樹立（第12項）

そして、これを受諾した日本において、マッカーサーを総司令官とするGHQの占領統治が始まりました（もっとも、GHQは、日本国政府に対して指示を与え、日本国政府を介して統治を行うという点で、間接統治方式であった点は注意が必要です）。

さて、1945年10月、マッカーサーは、当時の東久邇宮内閣、その後の幣原内閣に対して憲法改正を示唆し、これを受けた幣原内閣は松本烝治国務大臣を委員長とする憲法問題調査委員会（松本委員会と呼ばれる）を設置しました。

しかし、松本委員会が出した改正案は、明治憲法の基本論理を維持する枠内でのマイナーチェンジでした（天皇が統治権を総攬《そうらん》する明治憲法の基本原則は変更しないなど）。

松本委員会の改正案は、1946年2月1日付けの毎日新聞によってスクープされてしまい、これを見たGHQは、日本国政府に自主的にポツダム宣言の条件を満たす憲法の改正案は作れないと判断し、自ら改正案の作成にとりかかりました。その際、マッカーサーが示した3原則（いわゆるマッカーサー・ノート）は以下のとおりです。

①天皇の地位を憲法に基づくものにすること
②戦争を放棄すること
③封建制度を廃止すること

そして、GHQは不眠不休の作業で憲法改正草案を作成し、2月13日に日本政府（松本国務大臣、吉田茂外務大臣ら）に草案を示しました。日本政府側は、この内容に大変驚きましたが（もっとも、東京大学の学者らを中心とした憲法学界ではむしろこちらに近代的意味の憲法の実現を感じたとされています）、そこからGHQと日本政府との間で折衝が繰り返され、3月6日に憲法改正草案要綱として国民に提示されました（ちなみに、ここまでマッカーサーが急いだ背景には、GHQの上部組織として極東委員会という多国籍の機関ができることになり、国際世論は天皇制の廃止と天皇の戦争責任を問う声が強かったため、極東委員会に実権が移る前に天皇制を残した草案を作ってしまおうというGHQの思惑がありました。日本の占領統治において天皇制に手を付けることは失策であると考えたマッカーサーなりのやり方だったのです）。

その後、総選挙が行われ（新しい憲法案について国民の意思を問うという意味の措置）、招集された第90回帝国議会にてこの要綱をもとに作成された憲法改正草案が審議され、衆議院と貴族院における若干の修正のあと、圧倒的多数（421対8）の賛成で可決されました。そして、1946年11月3日、「日本国憲法」として天皇によって公布され、半年後の1947年5月3日に施行されました（今の憲法記念日ですね）。

このようにしてできたのが日本国憲法です。

日本国憲法は押し付け憲法なのか

よくある主張として、日本国憲法はアメリカによって押し付けられたものであるという主張があります。とはいえ、これは論理をもって思考している憲法学界からはほとんど支持者がいない感情的な主張です。

まず、いま見てきたように、確かにアメリカによる「押し付け」があったことは、程度に議論があるとはいえ、否定はできません。しかし、日本国政府との数々の折衝を経て、たとえば一院制を主張してきたGHQとの交渉の中で二院制の採用に導いたほか、当初なかった生存権規定が含められるなど、日本国政府の意向が反映されている点もあり、一概にすべてを押し付けられたということはできません。

また、ポツダム宣言の条件を満たすためには、明治憲法の微修正にすぎなかった当初の政府案では足りず、大幅な改正が必要であり、民間の憲法草案では最も保守的なものであっても松本委員会の草案ほどではないと評価されていました。

さらに、1946年5月27日付けの毎日新聞が、「憲法改正草案要綱」についての世論調査で「象徴天皇制」に賛成が85%、「戦争放棄」に賛成が70%という結果を公表し、圧倒的多数の国民が日本国憲法を受け入れていたことも明らかになりました。

そして何よりも、その後、岸信介内閣などで憲法改正の気運が高まった際には、常に総選挙で反対派が一定議席数を取り、その後70年の間、憲法改正には至っていません。憲法改正要件が他国よりも異常に厳しいということもない中で、このように70年間も日本国のあり方を決める憲法を国民が受容していることこそ、日本国憲法が時の流れの中で正統に日本人のものになっていった証ではないでしょうか。

「押し付けられたから変えよう」という議論ではなく、憲法の国民投票は「自分たちの手でこの国のあり方を決めよう」という意味で語られるべきです。

3 日本国憲法を読んでみよう

それでは、いよいよ、日本国憲法を読んでみましょう。

日本国憲法は、実際には100条ちょっとしかない短いものです。ぜひこの機会に一読することをおすすめします。今の日本がどういう形でルール化されているのかが見えてきますよ。

日本国憲法は、大きく分けて、以下の様な章立てになっています。

第1章　天皇（1条―8条）

第2章　戦争の放棄（9条）
第3章　国民の権利及び義務（10条—40条）
第4章　国会（41条—64条）
第5章　内閣（65条—75条）
第6章　司法（76条—82条）
第7章　財政（83条—91条）
第8章　地方自治（92条—95条）
第9章　改正（96条）
第10章　最高法規（97条—99条）
第11章　補則（100条—103条）

まずは国家元首である天皇陛下、皇室について第1章が規定し、第2章には平和憲法としてお馴染みの第9条が安全保障に関する条文として置かれています。第2章はこの条文だけです。基本的人権といわれる国民の権利・自由については31個の条文が第3章にあります。第4章以下は統治機構に関するルールで、国家が運営されるに当たり、どのような統治システムを取るべきかが定められています。

本書で中心的に扱うのは、第1章～第3章の条文です。というのも第4章以下の統治機構に関するルールは、国会や内閣、裁判所がどのように三権分立を実現するか、地方自治はどのようにすべきかを定めたもので、日韓問題という文脈で問題になるようなものは特にないからです。

なお、個別の日韓問題で具体的に問題となってくる条文は、各章の章冒頭に挙げますので、その都度確認して下さい。

4 「憲法で保証される」ってどういう意味？

では最後に、これからよく出てくる「憲法で保障される」という言葉について、説明しておきたいと思います。

「表現の自由は憲法で保障される」とか、「学問の自由は憲法によって保障されている」ということが憲法の世界ではよく言われます。これは、「国家によって表現の自由（学問の自由）が侵害されないように憲法が保障します」という意味です。

国家が国民の権利を侵害しうる行為はたくさんあります。具体的には国会が作ったある法律が、特定の方々の人権を侵害したり、行政機関の処分が人権を侵害したりすることもあります。たとえば、結婚している夫婦の子ども（嫡出子といいます）と、結婚していない男女の子ども（非嫡出子といいます）とで、親が亡くなったときの相続分が変わるという法律が昔ありました。その法律は、非嫡出子の相続分を嫡出子の半分と定めていました。しかし、それは、嫡出子と非嫡出子を不平等に差別していますよね。こういうとき、憲法が威力を発揮します。憲法の番人である最高裁判所は、この法律が憲法14条の保障する平等権に反すると判断しました。これを受けて国会はこの法律を改正し、今ではこの不平等はなくなっています。

この一連の流れが「平等権が憲法によって保障されている」ということの具体的な例といえます。つまり、国会が、国民の平等権を侵害することをした（たとえば法律をつくった）ときに、それによって差別されている国民は裁判所に「これは憲法14条に反する」と訴えます。そして、それが本当に憲法に反している場合、裁判所（特に最終的な決定をするのは最高裁判所）が「この法律は憲法14条に反し、違憲である」といいます。その結果、国会はその是正をします。

憲法が盾となって、国民の権利・自由を守るということが、「憲法で保障される」ということの意味になります。

5

さぁ、憲法の視点で考えてみよう

ここまで来れば、皆さんはもう憲法マスターです。かなり、「憲法」的な視点から見る力が養われているのではないでしょうか。

では、次章から具体的な日韓問題を、実際に憲法の視点で考えていくことにしましょう。

まとめ

▼憲法は、国民がこの国のあり方を決めたルールです。

▼憲法は、国民が国に対して課したルールの集合体である一方で、法律は、国家が国民に対して課したルールの集合体です。

▼個人が権利と自由を実現し、搾取されないために、憲法が存在します。

▼日本国憲法は押し付けられたといわれますが、その制定過程および今日に至るまでの経緯に鑑みれば、押し付けられたというのは穿った見方です。

▼「憲法で保障される」という言葉の意味は、国家が個人の権利や自由を侵害しようとするときに、憲法が盾となってその権利・自由を守ってくれる（具体的には、憲法に基づいて裁判所が国家の行為を否定してくれる）ということです。

第2章

悪口いっちゃダメって憲法に書いてあるの？

～ヘイトスピーチと表現の自由～

ヘイトスピーチの問題は、憲法の視点からいえば、表現の自由の範疇かどうかが本質です。しかし、なぜ表現の自由が保障されるのかというと、それが「自己表現による人格形成」にとって大切だから。だったら、他人の人格形成を害するヘイトスピーチは表現の自由で保障されるのはおかしいということになります。

ところで、なぜ日韓関係において、特にヘイトスピーチが問題となっているのか（本質的には在日外国人すべてにヘイトスピーチがなされるおそれがあるにもかかわらず）。それは、日本で実際になされているヘイトスピーチが、たまたま在日韓国人の特権に対するものだったからです。つまり、もし仮に他の外国人に対するヘイトスピーチがされた場合にも、この章でお話しする内容はあてはまるのです。

この章に出てくる憲法の条文

第21条（集会・結社の自由、表現の自由、通信の秘密）
第一項　集会、結社及び言論、出版その他一切の表現の自由は、これを保障する。
第二項　検閲は、これをしてはならない。通信の秘密は、これを侵してはならない。

1 ヘイトスピーチってなんだろう

1・1 日本で起きているヘイトスピーチ

皆さんは、「ヘイトスピーチ」という言葉を聞いたことがありますか?

ほんの数年前まではほとんどの人が聞いたことのない言葉でしたが、今となってはむしろ聞いたことのない人の方が少ないくらいメジャーな言葉になっていますよね。ここ最近はそれほどメディアで見聞きすることも少なくなりましたが、一時は連日のように取り上げられ、国会での質疑にかけられたり、橋下徹大阪市長らがヘイトスピーチを問題視する発言をしたりするなど、日本において広く注目される重大な政治案件となりました。

本章ではこの「ヘイトスピーチ」がどういう問題をはらんだものなのか、憲法の視点から見ていきたいと思います。

そもそも、ヘイトスピーチというものが世に現れ注目を集め始めたのは、2009年末頃です。「在日特権を許さない市民の会」(通称「在特会」)の方々が、「反韓国」「反在日」の主張を目的として、街なかで様々な差別的表現のシュプレヒコールを行いました。その後、李明博《イミョンバク》大統領や朴槿恵《パククネ》大統領の対日政策の影響もあり、どんどんと規模が拡大して、東京の新大久保、大阪の鶴橋などでは、いい方は悪いですが、ある種日常的な風景となってしまいました。多いときでは200名を超える参加者がいるそうです。

彼らが行う主張は非常に明確で、基本的に「反韓国・朝鮮」というメッセージを世間に届けることです。その手段として、世間的に非常に多くの注目を集める大変刺激的な「差別的表現」を用いています。私自身もそのヘイトの対象となっているため、あえて例を挙げるのも憚られるのですが、どういった表現が実際になされているのかをいくつかご紹介したいと思います。ヘイトスピーチのデモで聞こえてくるのはこんな言葉です。

「韓国人を殺せ!」

「朝鮮人を日本から叩き出せ!」

「良い韓国人も悪い韓国人もどちらも殺せ!」

「(子どもたちに対して)お前らは殺し屋・スパイの子どもやぞ!」

「ゴキブリちょんども死ね！」

すごくネガティブな表現がたくさん用いられており、しかも彼らはネットを使って、デモの内容を録画した映像を拡散し、記録として残していくので、すごく簡単にこのような表現に触れることができます。そのせいで、怖いもの見たさにヘイトスピーチの動画を見る人が増え、こういった表現が面白半分でネット上に蔓延したりもしています。

ある動画では、大阪鶴橋のコリアンタウンの前で拡声器を持った女子中学生がヘイトスピーチを行っている様子がありました。彼女はこう叫んでいました。

「鶴橋に住む在日くそちょんこの皆さん。ほんま、皆さんが憎くて憎くてたまりません。もう殺してあげたい。いつまでも調子に乗っとったら、南京大虐殺じゃなくて、鶴橋大虐殺を実行しますよ！」

女子中学生がこれを叫んだこと、そして南京大虐殺などに触れていることから、ヘイトスピーチの動画の中でも、この動画は世界に広がり、注目を集めました。

このように、非常に刺激の強い差別的表現を用いたデモが行われる中で、これに対して「カウンター」と呼ばれる方々が出てきました。彼らは、ヘイトスピーチを行っているデモ隊に対峙する存在で、デモを前に進めなくしたり、同じような威圧感でデモに対して「お前ら黙れー！」「日本の恥じゃー！」という言葉を投げかけ、デモを中止するように対抗的なスピーチを行うのです。中には、実際に強硬な手段でヘイトスピーチ側に詰め寄り、逆にカウンターの方々が逮捕をされたりする事案も発生しています。

カウンターの目的は、単にヘイトスピーチに対して対抗言論を行うということだけではありません。在特会の方々が行うヘイトスピーチは、公道で行われるデモである以上、そのために警察に申請をして許可を受けなければなりません。その際、警察としては、法に則り、交通秩序を害さないか、官公庁の事務への妨害がないかなどを検討して許可を出すのですが、ヘイトスピーチがされる際に常にカウンターデモがあるとなると、警察としてはそれに対応するための警察官の動員が必要で、非常に煩雑になり、警察の通常業務が滞ってしまうおそれもあります。そこで、警察がそのことを考慮し、なるべく短いコースを設定して在特会側に許可を出したり、デモの内容に一定の規制をかけたり、さらにはヘイトスピーチデモそのものを不許可にする可能性もあるため、それを狙ってカウンター側は対抗しているのです。

在特会の方々は、象徴的な差別発言のみならず、同時に、政治的な内容にかかわるスピーチもしています。たとえば、

「在日韓国人の特権を許すな！」

「通名制度廃止！」

「在日韓国人には生活保護を与えるな」

そもそも、在特会というグループができたのは、「在日特権を許さない市民の会」という名前からも分かるとおり、在日韓国・朝鮮人が保持しているとされる「在日特権」をなくし、普通の外国人と同等の待遇に戻すためでした。ですので、彼らの主張には当然ながらこう

いった政治的言論が混じっているのですが、実はヘイトスピーチが問題視されているのはこのような政治的言論についてではありません。在日韓国人・朝鮮人が有する「特権」をなくそうという政治的な主張については、それこそ堂々と議論していけばいいもので、そうではなく、民族そのものに対する過度な憎悪表現、差別的表現を使用していることに問題点があるのです。

さてそれでは、そもそもヘイトスピーチがなぜ問題となっているのか、なぜ「表現の自由」という概念と関わるのか詳しく見ていくことにしましょう。

1・2 そもそもヘイトスピーチってなんだろう

先ほどから使っている「ヘイトスピーチ」という言葉ですが、やはりしっかりと定義付けをしたうえで、中身を考えていきたいと思います。

> ヘイトスピーチとは、人種、民族、言語、宗教、国籍、世系、性別などに基づく差別、敵意、憎悪の表明とその煽動および暴力の煽動を指す。

ヘイトスピーチの確立した定義はまだありませんが、国際人権規約を参照してこのように定義付けしてみました。そして、ヘイトスピーチには侮辱・名誉毀損タイプと憎悪扇動タイプがあります。特に後者のタイプについては、「差別扇動表現」といわれることもありますが、単に差別的な発言を行うだけではなく、差別を助長し広げていくような表現であるということから、このような用語が用いられています。

ヘイトスピーチは、日本では２００９年頃から特に注目を集め始めましたが、世界では以前から問題となり、すでにたくさんの国で規制がなされています。ここでその詳しい歴史を見ていくと本質的なテーマから逸れますので省略しますが、世界での差別的表現として有名なのは、ユダヤ人差別や黒人差別、同性愛者や特定の宗教（特にイスラム教徒）に対する差別的表現などです(もっとも、現在ではほとんどなされていないものもあります)。基本的にはその社会においてマイノリティな存在がマジョリティから差別的表現をもって傷つけられるという構図が多いように見受けられます。

このような経緯から、ヨーロッパを中心に多くの国がヘイトスピーチの規制を行っていますが、規制が少ない国として有名なのがアメリカと日本です。

もともと、「表現の自由」というものを非常に手厚く保護するのがアメリカという国であり、一般的にヘイトスピーチを禁止する法律はありません。さすがは自由の国アメリカというだけあって、アメリカ合衆国憲法修正第１条は「連邦政府による言論規制」を禁じており、政府は、その思想自体が攻撃的あるいは不快であるからという理由だけで思想を禁止するべきではないとされています。

日本は、このアメリカの影響を多分に受けているため、表現の自由の概念をとても大切にしています。それは悪いことでもなんでもなく、大切な「自由」である以上、最大限保障されるべきであるということに異論はありません。

では次に、ここでさらっと触れました「ヘイトスピーチと表現の自由」の関係について考えてみましょう。

1・3 ヘイトスピーチと表現の自由の関係

まずは、憲法の役割を思い出してみましょう。

憲法とは、国家のあり方を定めたルールでした。そして、国家が活動する根拠となるものであり、その際に国家が侵害してはいけないとされるのが、憲法13条～40条に定められた「基本的人権」ですよね。

ではここで、この議論で重要な条文である、「表現の自由」を保障した憲法21条を見てみましょう。

第21条（集会・結社の自由、表現の自由、通信の自由）
一項　集会、結社及び言論、出版その他一切の表現の自由は、これを保障する。
二項　検閲は、これをしてはならない。通信の秘密は、これを侵してはならない。

これが「表現の自由」についての憲法の条文です。とても簡単ですよね。

ここで皆さんに考えていただきたいのは、「表現の自由が保障される」ということの具体的な意味です。これはどういう意味なのでしょうか。

簡単にいってしまえば、

「何をいってもいいですよ、自由です」

ということです。もう少し、国家との関係を含めて考えるならば、

「市民の皆さんが何を言っても、原則として、国はそれを禁止したり止めたりすることはできません。逆に、国はあなた方が表現活動をすることを最大限助けます」ということになります。

このようにいえば、「ヘイトスピーチと表現の自由」の関係が少しずつ見えてきますよね。つまり、ヘイトスピーチが「表現の自由」の一内容として保障されるとすれば、そのデモを国が止めたりすることは許されず、逆に国としてはなるべくヘイトスピーチ活動ができるように努めないといけない、ということになります。だから、ヘイトスピーチする側は、「表現の自由だ！」と叫び、それに反対する方々は「ヘイトスピーチは表現の自由に含ま

れない！」と叫ぶのです。

　実際に問題となる場面として、たとえば先ほど申し上げた「警察へのデモの申請」において、不許可処分がなされる場合は、行政（警察あるいは公安委員会）という国の機関が一般市民（ヘイトスピーチをする方々）の表現活動を規制しているため、「表現の自由」への侵害になってしまうのではないか、という問題が起こります。

　あるいは、橋下徹市長と在特会の桜井誠前会長との対談で非常に大きな話題を呼んだ大阪市ですが、実際には２０１５年５月、全国で初めてヘイトスピーチ（差別的憎悪表現）の抑止策をまとめた条例案が市議会に提出されました。まだ審議中で、成立するかどうかは不透明ですが、この条例が成立した場合、やはり大阪市という公権力が一般市民（ヘイトスピーチをする方々）の表現活動を抑制するため、「表現の自由」への侵害になり、許されないのではないかという点が問題となります。

　このように見ると、結局は「ヘイトスピーチが表現の自由の一内容として保障されるのか」ということが問題であり、それに対する解答を考えるべきことが大切であるとわかると思います。では、実際にこの問題について考えてみることにしましょう。

2 ヘイトスピーチは表現の自由として保証されるのか

2・1 表現の自由を考える

表現の自由の歴史、その大切さ

「ヘイトスピーチは、表現の自由として保障されるのか」という問いについて考えていくには、「そもそもなぜ表現の自由は憲法によって保障されているのか」、言い換えれば、「なぜ国家は表現の自由を侵害してはならないのか」ということを考える必要があります。

皆さんはその理由をどう考えますか？

表現の自由というのは、憲法が守っている基本的人権の中でも、特に大事な権利として保護されています。では、なぜ「表現の自由」はそれほどまでに重要なものなのでしょうか。

ヒントとして、日本で表現の自由が規制されてきた歴史を少しご紹介したいと思います。

日本の歴史を振り返れば、明治維新後、終戦に至るまで、内務省は、出版法・新聞紙法・映画法・治安維持法などに基づき、書籍・新聞・映画の記事や表現物の内容を審査し、不都合があれば、発行・発売・無償頒布・上演・放送などの禁止や一定期間の差止めをする「検閲」を行っていました。また、戦後のGHQ占領統治下にあっては、日本のマスコミなどへの事前検閲や事後検閲を行い、反占領軍的と判断した記事（占領軍兵士による犯罪なども含まれた）などを弾圧して全面的に書き換えさせていました。

このような歴史を振り返り、もしこのような表現の自由への規制が今もなされているとしたら、皆さんはどのようなことを感じますか？

きっと恐怖を感じるのではないでしょうか。その感覚をもっと言語化してみましょう。

表現の自由はなぜ他の権利よりも厚く保護されるのか

2つの価値「自己実現」と「自己統治」

表現の自由が、重要な価値ある権利として憲法で保障されている理由として、憲法学の世界では表現の自由が2つの価値を持つからだと説明されてきました。

それが、「自己実現の価値」と「自己統治の価値」です。これだけを聞くと、すごく仰々しく感じられるかもしれませんが、1つずつ見てみましょう。

まず、「自己実現の価値」から。皆さんは、自身の人格、アイデンティティ、もっというと「自分という人間」を形成していく上で、コミュニケーションや情報の授受ということが非常に重要だと感じませんか。社会において生活をしていく上で、人は常に他者に対して表現行為をし、逆に自分も他者の表現行為を受け取ります。家族や友人との会話も表現行為ですし、新聞やインターネットによる情報の受領も他者（新聞社やネットメディア、ＳＮＳの個人）による表現行為を受け取っていることになります。

もしこれらの表現活動が規制されてしまえば、皆さん個々人の思想形成や人格形成、社会的なアイデンティティ形成に大きな影響を及ぼすことは明らかですよね。つまり、「自己実現の価値」とは、個人が自由に表現活動を行うことによって自己の人格を発展させることにつながるという、表現活動自体が持つ価値なのです。

次に、「自己統治の価値」について。自己統治の価値とは、日本という国が民主主義国家かつ、国民主権国家として、国民が参政権を持って国の統治に関わるということと深い関係があります。

皆さんは、参政権（特に選挙権）を行使して、皆さんの代表者となる政治家を選び、彼らが皆さんの住む街や日本という国の様々なことを決定しています。では、皆さんはどうやって政治家を選んでいますか。きっと彼らが発信する情報、メディアが発信する情報、あるいは家族や友人らと対話するなかで、自身の政治的意思を形成し、誰に政治を託すのかを決定していると思います。つまり、「自己統治の価値」とは、国民が主権者として政治的意思決定を行うために必要な価値のことを意味します。

とはいえ、自己実現の価値や自己統治の価値は、経済的な自由、たとえば職業選択の自由などにも当てはまりますよね。どの職業を選ぶかによって、自己の人格はもちろん形成されますし、それぞれの職業によって政治的なアプローチがあるため、自己統治の価値もあります。ですので、これだけでは「表現の自由」が特別に重要な権利だとはいえません。そこで、表現の自由を格別な地位で保証する根拠として次にいわれるのが「萎縮効果」です。

萎縮効果

表現の自由を規制してしまえば、「萎縮効果」が生じやすい、なるべく表現の自由は規制すべきではありません。

たとえば、ある商品を売れば利益が2億円生まれるとして、国が「その商品を売った場合、懲役3ヶ月」という法律を作ったとしましょう。おそらく、その法律ができたところで、その商品を売る人は減りませんよね。きっと刑務所に3ヶ月入っただけで2億円手に入るんだと考える人がいるはずです。

しかし、これを表現活動に置き換えて、国が「特定の集団をけなす言動を行った場合、懲役3ヶ月」という法律を作ったとしましょう。おそらく、人々は萎縮し、多くの表現活動を止めてしまうはずです。基本的に表現活動には対価がないからです。それ(表現活動)をしたところで単なる情報・アイデアの発信にすぎず、他方でそれをすることで何か罰を受けるのであれば、あえて人々は表現活動をしなくなるでしょう(一部の高名な小説家などは別かもしれませんが)。

そして、「特定の集団をけなす」ということが何に当てはまるのか、たとえば「韓国人」をけなすことがこれに当てはまるのみならず、反原発運動をしている人たちをけなすこともこれに当てはまるのか、もっというと、自民党や民主党をけなすことや暴力団への批判も当てはまるかもしれない。こんな風にして、本来であれば規制されるべきではない表現活動も含めて、人々が萎縮して表現できなくなってしまうというのが、表現活動の「萎縮効果」の深刻なところです。

2・2 表現の自由に対する規制は許されないのか

表現の自由は絶対?

このように見てくると、表現の自由は本当に大事な自由であって、これを規制することは絶対的に許されないのだというふうに考えられるかもしれません。

確かに、表現の自由は、自己実現の価値、自己統治の価値、そして萎縮効果を考えあわせても、非常に重要なものでしょう。しかし、全くもって制約に服さないかというとそんなことはありません。

　具体例で考えてみましょう。

露骨な性表現や名誉毀損はダメ！

　たとえば、アダルトビデオ（通称「ＡＶ」）は未成年者に販売するのが禁じられているほか、性行為を無修正で撮影したビデオ（ハードコアポルノの類）の販売は日本では禁止されています（わいせつ物頒布罪）。

　これらは、表現行為であるにもかかわらず、国家による規制を受けていますよね。簡単にその理由を述べますと、社会の善良な風俗に反するからであるといわれています。このような表現の自由は憲法で保護するに値しない（あるいは、一応保護されるとしても、規制は正当である）と言われているのです。

　もう一つ、具体例を考えてみましょう。

　たとえば新聞や雑誌で、特定の芸能人についてあることないことがつらつらと書かれ、その芸能人の社会的評価やイメージが落ちてしまった場合、ウソの記事を書いた記者と出版社は名誉棄損罪で罪に問われる可能性があります。刑法が名誉毀損罪を定めているように、他人のプライバシーや名誉を侵害するような表現活動は規制されるのです。

　ここでいいたいことは、表現の自由とはいっても、社会において一定の表現活動は規制されることがあるということです。

では、いよいよ本題に入って行きましょう。ヘイトスピーチは規制されるべきなのでしょうか、それとも表現の自由として守られるべきなのでしょうか。

2・3 ヘイトスピーチは規制されるべきか

いまある法律で守られるなら、それでいくべき

ヘイトスピーチは規制されるべきか、それとも表現の自由として守られるべきなのかという問いを考えたとき、まず出てくる回答としては、「すでに一定の場合はヘイトスピーチも規制されている」ということです。

実は、現在の法律のもとでも、名誉毀損罪（刑法230条1項）、業務妨害罪（234条）などの規制によって、事例によっては特定のヘイトスピーチにも罪が課されています。

まずは「いまある法律で規制される範囲」を考えた上で、「いまある法律がカバーできていない範囲」を考えてみようと思います（ちなみに、ヘイトスピーチの規制という問題で本質的に問題となるのはやはり後者です）。

いまある法律で規制される範囲

いまある法律で実際に刑罰、そして民事上の損害賠償請求が認められた有名な裁判があるので、それを具体例として考えてみましょう。

事件の内容は次のとおりです。在特会の会員らが２００９年12月〜10年3月、京都朝鮮初級学校周辺で、「キムチ臭いで」「保健所で処分しろ、犬の方が賢い」「朝鮮半島へ帰れ」などと3回にわたり演説するなど、人種差別的な表現を用いたヘイトスピーチを行いました。学校に校庭のなかったこの朝鮮学校が、隣接する公園を住民に理解を得て使用していたのですが、在特会の方々にすれば、「日本に対する領土侵犯である」「日本が乗っ取られる」ということで、以上のようなヘイトスピーチをしたということです。

この事件は刑事事件と民事事件の2つに分かれます。刑事事件とはつまり、検察が被害者に代わって加害者の罪を追及し、刑罰を要求するもの。これに対して、民事事件とは、被害者である学校が裁判所に訴えて加害者に対して損害賠償を請求したり、二度とこのようなヘイトスピーチをしないように差止めを請求したりするものです。

まず刑事事件についていては、本件街頭演説を行った在特会の元メンバーら8人のうち4人が威力業務妨害罪などで有罪となりました。つまり、このような街頭演説を行ったことで、学校側の業務が妨害されたということが認められ、刑罰が科されています。

他方で、民事事件については、学校の半径200メートルでの街頭宣伝活動の禁止と約1200万円の賠償が認められました。つまり、在特会のメンバーが行った街頭宣伝活動（ヘイトスピーチ）は、（日本も批准する）人種差別撤廃条約で禁止した人種差別に当たり、違法であると指摘し、さらに、示威活動によって児童らを怖がらせ、通常の授業を困難にし、平穏な教育事業を行う環境を損ない、名誉を毀損したとして、不法行為に当たるため、それに対する1200万円の損害賠償責任を認めるということでした。

結局、この民事事件は、京都地方裁判所で出されたこの判決に不服な在特会側が、大阪高等裁判所に控訴しましたが、こちらでも判断は覆らず、学校側の主張が認められました（なお、最高裁判所への上告も棄却されています）。

以上のように、実際に現行法でヘイトスピーチが規制されている場面があるのですが、現行法では規制されないヘイトスピーチとの違いは何なのでしょうか。

いまある法律がカバーできていない範囲

先に結論から申し上げますと、「具体的に被害者が分かる場合」には、現行の刑法が名誉毀損罪や業務妨害罪によってヘイトスピーチを罰することが可能ですし、そのような違法行為によって被害を受けた方が民事上の損害賠償（民法709条）を受けることも可能です。先ほどのでは、京都市にある朝鮮学校が「具体的な被害者」でした。

しかし、「具体的に被害者が分からない場合」には、これは現行法では規制することができないのです。たとえば、大きな公道でデモをして、「朝鮮人、韓国人死ね、殺すぞ」といったとしても、民族を総じて差別しているため、具体的な被害者が誰かわかりません。このようなとき、誰に対する名誉を毀損したのか、誰の業務を妨害したのか、誰に対してその損害を賠償すればいいのかがわからないのです。

では、カバーできていない範囲を新たに規制すべきか

ということで、ヘイトスピーチには、現行の法律でカバーできない部分（具体的に被害者が特定できない場合）があることがわかりました。

そこで、「カバーできていない範囲を新たに規制すべきか」という重要な問いが出てきます。これが、「ヘイトスピーチを規制すべきかどうか」の具体的な（正確な）内容です。

まず、このような規制に賛成する方々は、たとえ被害者が具体的に特定できなくても、実際にヘイトスピーチの対象になっている在日韓国人・朝鮮人の方々は傷ついているのだから、法を整備して、きちんと被害者を守るべきだと主張します。

これに対して、規制に反対の方々は、表現の自由はやはり極力制限されるべきではないということから、新たに規制を追加することは避けるべきだと主張します。注意してほしいのは、この規制反対派の方々の中には、何もヘイトスピーチを許容している人ばかりで

はなく、ヘイトスピーチは大問題だと考えた上で、しかし、もし新たに表現の自由への規制が課せられたとしたら、ヘイトスピーチのみならず、別の言論も規制されてしまうおそれがあるという理由で、反対している人もいるということです。たとえば、反政権デモや沖縄の米軍基地についてのデモ、性的少数者の方々のためのデモなど、表現の自由として守られるべきデモも規制されてしまうのではないかという指摘です。

もちろん、規制に賛成する方々からは、「特定の人種・民族」に対する憎悪的表現を用いた差別的言動を禁止すれば、別の価値ある言論が規制されるおそれはないという反論もなされているところです。

私自身は、まずもって現行法で対処できることは対処しましょうという意見を持っています。というのも、実は現行法で対処できるにもかかわらず、放置されてしまっている例がたくさんあると思われるからです。本当にヘイトスピーチが具体的に被害者を特定できないのかといわれると、実はそうでもなかったりするんですね。2014年に京都で行われたヘイトスピーチを私も傍観者として見てきました。その中では、実際にはかなり具体的に被害者が特定できそうな事案が多数ありました。公道とはいえ、お店の近くで一定時間立ち止まり、罵詈雑言を浴びせているのを見ると、絶対そのお店は業務妨害を受けた被害店といえます。あるいは、カウンターの方々や通行人に対して、直接指差すなどして「おい、あいつ在日やぞ、殺せ」とヘイトスピーチをしたりしていたのを見ると、その方々も具体的な被害者であるといえます。

問題は、このような言動の規制に行政（特に警察）があまりにも寛容、怠慢であることでしょう。デモの許可をしている以上、一定の表現活動をするために交通を整理したりするのは警察の仕事なのでしょうが、具体的に誹謗中傷を行っている際に制御をかけないということはゆゆしき問題です。まずは、しっかりと現行法で対処すべきことを対処し、それでも捕捉できない問題について、新たな規制の是非を考えるべきです。

3 未来を見据えて

国家による規制が必要か云々かという議論をしていると、いつも感じるのが、「法規制なんてなくたって、ヘイトスピーチなんてなくなってほしいな」ということです。憲法学者の奥平康弘先生は、「まずは文化の力をもって抑制すべき」と仰っていますが、まさしくそのとおりです。表現の自由というものをそうそう簡単に規制すべきではありません。価値ある表現かどうかを国家が決めてしまうことになりかねませんから。むしろ、民間で、価値のない表現に対してこれを淘汰する、文化的抑止力を持たねばなりません。それでもどうしようもならないときに、初めて国家が出てきて規制を行います。

確かに、韓国でも一定数の方々が反日的なデモを行い、国旗を燃やしたり、日本の首相を侮辱する言動をしたりしています。あれは同じ韓国人として恥ずべき行為だと思っていますが、だからといって日本におけるヘイトスピーチを正当化はしてはならないということを再認識しなければなりません。向こうで行われているヘイトスピーチは、しっかりと向こうの国が向こうの憲法をもって対応しなければなりません（その場合も、まずもって文化・民間の力で、そしてそれでもダメな場合に国家の力で）。

また、「韓国もしているじゃないか。なぜ日本側だけ批判されなくてはいけないんだ」という論法は、感情論に終始してしまい、本質的な反論ではありません。どちらの国も誤っている、差別的表現はすべきではないという前提で、それに対してどのように対応していくのかという話になるはずです（もっとも、向こうは向こうで在特会のような特定の方々が行っているので、それをまるで韓国全体がそのような活動をしているというように報道するのもどうかと思いますが）。

よく、「ヘイトスピーチの中身を検証しろ。在日韓国人が持っている特権の話を考えろよ」と反発があったりします。しかし、章のはじめのほうにも述べたとおり、ヘイトスピーチの問題はそこではないのです。もちろん、在特会の方々が主張する内容が真実かどうかはぜひ実証すべきです、落ち着いて議論すべきでしょう。しかし、ヘイトスピーチにおいては「殺すぞ」「朝鮮人はゴキブリ」などという憎悪表現を用い、およそ民族を一括りにしてしまって、差別しているということが問題なのです。

表現の自由は、自己実現の価値があると述べました。表現の自由は、一人ひとりの人格形成において大切な要素であるから守られるべきとされ、日本国憲法21条1項がしっかりと保障しています。とすれば、他者の人格形成も尊重せねばなりません。在日韓国人・朝鮮人の子どもたちも日本で人格形成をしていきます。価値のある言論が何かというのはそれこそ個々人によりますが、他者への加害を行い、他者の人格形成を破壊する言論が本当に表現の自由として守られるべきなのか、皆さんもぜひ考えてみてください。

まとめ

▼ヘイトスピーチとは、人種や民族、宗教、性別などに基づく差別、敵意、憎悪の表明とその煽動および暴力の煽動を指します。

▼ヘイトスピーチが憲法21条の保障する「表現の自由」に含まれるか否かは、表現の自由がなぜ憲法上保障されているのかという視点から捉えられなければなりません。表現の自由は、①自己実現の価値と②自己統治の価値を有しており、さらに③表現の自由への規制は萎縮効果が強いため、憲法上大切に保障されています。

▼もっとも、表現の自由も絶対的なものではありません。実際に性的表現や名誉毀損表現などは特定の場合には刑罰が科せられるなど、表現行為にも制約はあります。ヘイトスピーチに関しても、既存の法規制（名誉毀損罪や業務妨害罪など）によって対応できるものはしっかりと対応すべきです（現状は見過ごされているケースも少なくありません）。

▼現状から一歩踏み込み、まだ規制されていないヘイトスピーチについても新たな法規制等によって規制を設けるべきかどうかが「ヘイトスピーチに規制は必要か」の根本的な問いとなります。この答えに賛否両論があることは本章の通りですが、なぜ表現の自由が保障されるのかという右記①〜③の理由に鑑みて、冷静に考えることが求められています。

column

憲法9条と安全保障の話

今回、本当はコラムではなく、本論で扱いたかったテーマが「憲法9条と安全保障」でした。日韓というテーマで安全保障を考えると、竹島・独島をめぐる領土問題、北朝鮮によるミサイル実験など、話題に事欠きません。実際に朝鮮半島の有事の場合には、米軍とともに自衛隊が動くのかという議論もされています。

ですが、今回このテーマがコラムになってしまったのには、いくつか理由があります。まず一つは、まさにいま安全保障をめぐる法律を一挙に改正するかもしれない国会が開かれていて、その間に本書を執筆しているということです。これを上梓した頃には執筆時の内容と大きく変わってしまっている可能性は否めません。また、私などよりも憲法に造詣が深い、高名な学者の先生方が憲法論を展開し、議論を交わしていることから、詳しい議論の中身はそちらをご覧になっていただきたいと考えました。

以上のような理由から、今回はコラムで要点を短く書かせていただくことになりました。皆さんにとって、学者や政治家たちが「何をどう議論しているのか」の頭の整理になってくれればと思います。

まずは、「そもそも憲法9条とは何なのか」ということから簡単にご説明したいと思います。そもそも論が好きなのは法学を学ぶ学生の癖なのかもしれません。

日本という国が平和を保てている理由は、たくさんあります。先人の対外的な交流、民間レベルでの多様な信頼構築、たくさんの外交努力、そして、自衛隊と在日米軍の存在、たくさんの要素が日本という国の平和を維持しています。しかし、特にいま国会で議論をしているように、「安全保障」という言葉をつかうとき、それは「国家・国民の安全を他国からの攻撃や侵略などの『脅威』から守ること」という定義をするべきでしょう。

そして、その『脅威』が迫ったときに、最後の最後、国を守ってくれるのが「自衛隊」です。第1章でもお伝えしたとおり、憲法というのは国の動き方をルールとして明記しているため、国がどうやって国民を守るのかというルールもあって然るべきですよね。そして、そのルールこそが憲法9条です。皆さんもぜひ一度、憲法9条を読んでみてください。

第9条（戦争の放棄、戦力と交戦権の否認）
1項　日本国民は、正義と秩序を基調とする国際平和を誠実に希求し、国権の発動たる戦争と、武力による威嚇又は武力の行使は、国際紛争を解決する手段としては、永久にこれを放棄する。
2項　前項の目的を達するため、陸海空軍その他の戦力は、これを保持しない。国の交戦権は、これを認めない。

何を言ってるんだ、という方。その感覚は決して間違いではないので、安心してください。実は、この文章の読み方には学者の間でも未だ決着がついていません。

もっとも、ここで大切なのは、日本政府がこれをいかに解釈しているのかということです。いわゆる「政府見解」というものですね。日本政府がこの憲法９条をどう読むのかを知ることで、現実にどのような運用がなされているのかを知る手がかりになるのです。

〈憲法９条の政府見解〉

---

①第１項が意味するのは、侵略戦争の放棄であって、自衛のための戦争を放棄したわけではない。

②ただし、第２項で何の留保もなく「戦力」と「交戦権」[1]を否定しているため、結局は戦争そのものを放棄している。

③ただし、自衛隊は、自衛のための必要最小限度の「実力」として、憲法上も認められており、これは「戦力」ではない。

④また、自衛のための必要最小限度の武力行使は、自衛権の行使として認められる。

⑤自衛権は、主権国家として当然に認められるべきものであり、個別的・集団的とを問わず、必要最小限のものであれば認められる。

以上が、主要なポイントです。特に注意が必要なところをいくつか確認しておきたいと思います。
②と③についてなのですが、「戦力」を否定しているため、軍隊の保有は認められない一方で、自衛のための必要最小限度の「実力」として自衛隊は認められるという解釈がなされています。「なんだそれ？　実力？」って思った方、それは普通の感覚だと思います。自衛隊は実質的には憲法違反の存在だという主張をされる方も少なからずいらっしゃいますが、なんとか頑張って、今の憲法のもとでも認められるぎりぎりの解釈として「戦力ではなく実力だ」という解釈をしているのです。本当にギリギリの解釈でしょう。
④についても、同じような意味です。やはり、憲法9条のもとでは、自衛権の行使という意味でしか武力行使は認められません。戦争は認められていませんので、宣戦布告をして、こちらから攻撃していくということは認められません。そして、自衛権の行使というのは、自国を守るための武力行使ですので、必要最小限度にとどまる必要があります。
問題は⑤。これは2014年7月1日に閣議決定された新たな解釈です。そして、新たに、⑴武力攻撃が発生する（他国の場合も含む）等によって我が国の存立が脅かされ、国民の生命、自由及び幸福追求の権利が根底から覆される明白な危険があること、⑵我が国の存在を全うし、国民を守るために他に適当な手段がないこと、⑶必要最小限度の実力行使にとどまるべきこと、という3要件のもとで、武力行使を認められるようになりました。この3要件というのは、たとえ集団的自衛権であったとしても、憲法9条が定める「必要

最小限」の自衛権行使でなくてはならないため、政府側が武力行使の範囲を限定する趣旨で設けられたものです。

ところで、さらっと自衛権を2種類並べてしまいましたが、皆さんは個別的自衛権と集団的自衛権の違いをご存知ですか？　簡単にまとめると、個別的自衛権というのは、日本が攻撃されたり、侵略されたとき、あるいはそのようなおそれがあるときに、自国を守るための反撃ができるというものです。これに対して、日本が攻撃されていなくても同盟国（およびそれに準ずる国）が攻撃された場合には、日本もその安全を守るために武力行使をすることができるというのが集団的自衛権です。これは、同盟国どうしがお互いに「あなたが攻撃されたら私も守りますからね」と約束することで、〝集団的に〟安全を守るというものです。

集団的自衛権が、これまでの政府解釈で否定されてきたのは皆さんもご存知のとおりです。つまりたとえばアメリカ軍が攻撃された場合に、自衛隊が出撃してこれを守るということは認められてきませんでした。しかし、アメリカは日本を守ってくれるのに、当の日本はアメリカが攻撃されても何もしないのはおかしいのではないかということで、この解釈を変更し、集団的自衛権の行使も認められるとしたのが昨年の閣議決定です。そして、それを具体的な法律に落とし込むことで、実際にそのような行動を自衛隊が取れるようにするのが、現在、国会で連日議論されている「安全保障関連法案」です。

これは大きな転換です。ひょっとしたら憲法９条に反しているかもしれないし、反していないかもしれません。いま学者や政治家の皆さんが議論しているのは、この安全保障法案が成立すると、自衛隊の活動の幅が大きく広がることを前提に、では、その自衛隊の活動の「広がり」は、憲法（９条）が許容している範囲内の広がりなのかどうかということです。

そもそも、自衛権というものを個別的・集団的に分けて考えるというのは、国連憲章にも明確に表れていますが、特に日本は、憲法９条を持っているため、〝必要最小限度の自衛権行使〟というものを考えると、それは「個別的」なもの自国防衛にとどまるだろうということで、個別的自衛権と集団的自衛権の区別がされています。ですから、今回の集団的自衛権行使を憲法違反だと考える方々は、集団的自衛権はやはり憲法９条が許している範囲を超えてしまうと主張します。他方で、憲法には反しないと考える方々は、そもそも自衛権は個別的・集団的とを問わず認められ、しかもその解釈は最高裁判所が[2]「自衛権」を個別的・集団的とを区別せずに日本に認めていることからも妥当であるとしています。

安全保障法案、あるいはその一部である集団的自衛権の行使が憲法（９条）に反しているのかどうかは、憲法学を人生を賭して研究されている先生方の議論に基本的に任せたいと考えています。一介の法科大学院生が持論を述べたところで何の意義も見いだせないことは私自身も自覚しています。

ただ、一つだけ述べさせていただくなら、現在の国会の討論の内容に強い違和感を覚えます。

いま国会で議論されている、「後方支援とはどんな活動ですか？」「戦闘地域には行くんですか？」「自衛隊のリスクは高まるんですか？」「国連決議による歯止めはきかせるんですか？」などという野党からの質問は何かがズレています（ずれているからといって不要というわけではないのですが）。

なぜなら、「後方支援ならよい」、「非戦闘地域ならよい」、「自衛隊が血を流さないのならよい」、「国連決議があればよい」とかそういう話ではないでしょう。

本質は、日本が「平和国家」として、どういう形で国際社会にメッセージを発し、どういう形で国際社会に介入していくのか。その際、これを決めるのはアメリカではなく、国連でもなく、ＮＡＴＯでもなく、日本の国会です。

日本一国だけ平和だったらいいっていう考え方がおかしいというのは、そのとおりです。本当に、日本が目指す「平和」のために必要な介入ならするべきです（従来の自衛権の行使を超えた、積極的平和主義のもとでの自衛隊の活動拡大を念頭に置いています）。しかし、「平和」のために本当に必要な介入なのかどうかをどう民主主義的議会のもとで決めていくのか、誤った他国（特にアメリカ）の介入に対していかに断固たる拒絶を示すことができるのかを話していただきたい。逆に、本当に必要ならばＧｏサインを出せる仕組みを慎重に作り上げていってほしい。

そのための議論の枠組として、「憲法」があり、「民主主義」があるはずです。

日本という国が目指すべき方向性、できることとできないこと、それらを大枠で決めているのが日本国憲法であり、その枠を超えることはできません。もしこの枠を超えるならば、枠組みを変える、つまり、憲法改正をするしかありません。

また、憲法は権力者の暴走を止めるものですが、本当は「民主主義」が機能して、権力者が暴走しないことが一番いいはずです。そのための「民主主義」です。法律による歯止めをこの国会ではたくさん作ろうとしていますが（それも大事です）、それと同じくらい、民主主義をどれだけ機能させられるか。たとえ、法律の歯止めがあって、法律の要件を満たしたとしても、自動的にＧｏではありません。たとえ法律の要件を満たしたとしても「自衛隊が出て行くべきではない」という判断ができるのが議会であり、それが「民主主義」です。

これを機能させられるのは誰か。言うまでもなく、国民一人ひとりです。ちゃんと政治家の皆さんが本質を話してくれるように、監視し続けるのも、国民の皆さんの責務だと考えています。

注釈

1交戦国どうしが国際法上認められる種々の権利。たとえば、相手国兵力の殺傷と破壊、相手国の領土の占領など。

2最高裁大法廷判決（砂川事件）

第3章

戦争で亡くなった方をお参りするのがなんで悪いの？

靖国神社参拝問題は、あまりにも問題が複雑にされすぎています。しかし、これを憲法的問題、政治的問題、感情的問題として分解し、整理すれば自然と解決につながる方策は見えてきます。

特に首相の靖国神社への参拝は、戦犯が祀られていることから、歴史的背景もあって、韓国・中国を中心に批判がされています。したがって、靖国神社参拝問題が解決されることは日韓関係のみならず日中関係にも大きな意味を持ちます。この問題に解決策はあるのか、特に憲法的視点から考えてみましょう。

この章に出てくる憲法の条文

第20条（信教の自由、政教分離）
第一項　信教の自由は、何人に対してもこれを保障する。いかなる宗教団体も、国から特権を受け、又は政治上の権力を行使してはならない。
第三項　国及びその機関は、宗教教育その他いかなる宗教的活動もしてはならない。
第89条（公金支出・公的財産供用の禁止）
公金その他の公の財産は、宗教上の組織若しくは団体の使用、便益若しくは維持のため、又は公の支配に属しない慈善、教育若しくは博愛の事業に対し、これを支出し、又はその利用に供してはならない。

1　靖国神社参拝問題って？

1・1　はじめに

２０１３年末。安倍晋三首相の思い切った決断が日本のみならず、国際社会を動かしました。そうです、靖国神社への公式参拝です。韓国や中国はもちろん、アメリカの公式声明、東南アジア、南アジアの国々も声明を出すという大きなうねりが生じました（賛成・反対の声それぞれがありました）。

本章では、首相の靖国神社参拝がなぜこれほどの議論を呼び、国際問題といわれるまでのものになっているのか、賛成・反対の意見はどうなっているのか、韓国の考え（おそらく中国のそれもほぼ同じです）はどういったものなのか、そして解決策は考えられないのか、こういった側面を憲法の視点を中心に考えていきます。

「靖国神社参拝問題」といえば、戦争によって戦死し、英霊となった方々が祀られている靖国神社へ国会議員が参拝し、戦没者を公的に慰霊追悼・顕彰することから生じる種々の問題を総称してこういわれています。

一見すると単に政治家が神社の参拝に行くというだけの問題に見えますが、実は非常に複雑な議論を抱えています。あまりにややこしいがゆえに、考えるのが面倒くさくなってしまい、単純な批判だけの議論になってしまっているといえるでしょう。どこがどう絡み合って複雑になっているのでしょうか。

実はこの問題には、①憲法的問題、②政治的問題、③感情的問題の3つの側面があります。ところが、メディアによる報道やネット上の言論では、この分類をごちゃまぜにした議論が展開されているため、

「問題が複雑過ぎる！」

「それ、反論になってない！」

「確かにわかるけど、それとこれとは次元が違う話でしょ？」

といった具合に、なんだかよく分からないままになってしまうんですね。けれども、しっかり分類すると、実はかなり整理された議論をすることができます。本章を読み終わった皆さんがこれから胸を張って「靖国神社参拝問題」を捉えることができるようになるように、ゆっくり、みっちり、そして、新たな視点も交えながら、考えていきましょう。

1・2 定義と整理

靖国神社参拝問題って？

さて、靖国神社参拝問題には3つの問題が絡み合っていることがお分かりいただけたと思います。しかし、個々問題を詳しく見ていく前に、まずは靖国神社参拝問題の概括的な定義をしておきましょう。

皆さん、一度ご自身の中で「靖国神社参拝問題ってなんだろう？」ということを考えてみてください。言葉を因数分解してみると核心を見つけることができます。

本書では、「靖国神社参拝問題」を次のように定義してみることにしました。

「靖国神社参拝問題とは、国会議員が、靖国神社へ参拝し、戦没者を慰霊追悼・顕彰することから生じる種々の問題をいう」

いかがでしょうか。特に「国会議員」が参拝することが本質的な問題となってくると思われます。

靖国神社って？

では、「靖国神社」とはなんでしょうか。本来であれば、章のはじめに、まずはここから考えていくべきなのかもしれません。普通の神社ではなく、靖国神社のみにまつわる問題になるのはなぜなのでしょうか。それは靖国神社を知ることから始まります。

靖国神社とは、1869年6月29日、明治天皇の命によって建てられた護国神社であり、日本の国内外の事変・戦争等、国事に殉じた戦没者を「英霊」として祀る神社のことです。

靖国神社のホームページには、「国家のために尊い命を捧げられた人々の御霊《みたま》を慰め、その事績を永く後世に伝えることを目的に創建された」と記載されています。もちろん、「神社」ということから、神道のための宗教施設となります。

明治維新期にできた靖国神社は、「お国のために戦った人を祀るという国家神道に基づいた」慰霊施設であり、「死んだらみんな一緒」という考え方から、戦争を主導した人々も祀られます。そのため、東条英機をはじめ、たくさんの主導者も祀られています。ですが、西郷隆盛や近藤勇らは祀られません。その理由は単純で、「お国（天皇）に逆らった側」ですので、彼らは「お国（天皇）のために戦った」わけではないのです。つまり、彼らは「死んだらみんな一緒」の例外なんですね（実は伝統的な神道においては、時の権力に逆らって亡くなった方もしっかりと祀られています。それは平将門や菅原道真らが有名です。この辺りが、伝統的な神道と、お国（天皇）のために戦って死ぬという概念が出てきた国家神道との違いでもあるのでしょう）。

また、戦時中に刑死した人、自殺した人も祀られません。これも「お国のために死んだ」わけではありませんので。あるいは、空襲などで犠牲になった一般国民も祀られません。やはり、「戦って死んだ」かどうかが重要なものとなっています。

また、あまり語られることはありませんが、第二次世界大戦についての戦没者のみを祀っているわけではありません。明治維新以降、お国のために戦った戦争で亡くなった方々すべてを祀っているので、日中戦争や大東亜戦争などの先の大戦の戦没者以外に、明治維新、西南戦争、台湾出兵、朝鮮事変、日清戦争、台湾征討、北清事変、日露戦争などで戦い、没した英霊も祀られています（実は、ここが韓国や台湾の方々が靖国神社に対して強い抵抗感を抱いている理由でもあります）。

このように靖国神社に祀られる方の区別をみると、主目的は「国家のために戦死した軍人を、英雄として祭祀すること」であり、「戦争犠牲者を悼むこと」というのはその下位にくるものです。もちろん、それが良いことか悪いことかということはここでは議論の目的ではありませんので、おいておきます。

以上のような前提に立ち、どうしてそれが問題となりうるのかを見ていきたいと思います。

国会議員が参拝してなんで問題になるの？

では、この靖国神社に国会議員が参拝することがなぜ問題になるのでしょうか。実は、この「なぜ問題になるか」ということについて、たくさんの理由がごちゃまぜに語られてしまい、この問題を複雑にしてしまっています。

そこで、この問題を3つの視点から捉え、それぞれの区別を明確にしてみたいと思います。その3つの視点とは、①政治的問題、②感情的問題、そして、③憲法的問題です。簡単にその中身をご説明しましょう。

①政治的問題とは、大戦を主導した戦犯者らを祀る施設に、国民の代表である国会議員、さらにはそのトップである内閣総理大臣が参拝することが問題ではないか、そして東アジア関係を安定させるためにはすべきではないのではないか、というものです。国内統治上も重要な問題ですが、同時に国際政治的にも非常に重要な

問題であり、要するに、参拝をすることが「政治的に」正しき選択であるのかということが問題となります。

②感情的問題とは、政治的議論や憲法的問題をいかに論理的に説明しようとも、賛成派、反対派いずれにとっても、感情的に譲れないところがある、という問題です。ここはもはや論理を超えた感情ですので、非常に難しいところがあります。賛成派としては、国の代表が国のために亡くなった方々を祀る施設に行き、慰霊をするのは当然であるという思いがあります。反対派としては、戦犯が祀られている場所には行くべきではない、あるいは戦争で亡くなった方すべてを慰霊する慰霊祭に行くべきだという思いがあります。

③憲法的問題とは、国会議員が靖国神社に参拝することが、憲法20条1項、3項、89条の禁止する「政教分離原則」に反する憲法違反の行為ではないか、という問題です。「政教分離原則」というのは、きちんと解説をしないといけませんので、後ほど詳しく解説させていただきます。

それぞれをゆっくりと説明することはそれほど難しくないのですが、この問題については、②感情的問題が強く働いてしまい、複雑な状況に陥ってしまっています。落ち着いて、少しずつ議論していきましょう。

1・3 どうして靖国神社だけが問題となるの？

率直な疑問として、「なぜ靖国神社への参拝だけがここまで問題となるのか」という疑問が頭をよぎりはしませんか。

たとえば、伊勢神宮の式年遷宮への参拝については、同じ神道行事への参加であるにもかかわらず、訴訟は起きないわけです。あるいは、高野山のお寺に首相が視察にいっても問題は生じないわけです。これはどういうことなのでしょうか。

これも、直前にみた3つの視点から考えるとわかりやすいので整理してみます。

①②政治的、感情的には、戦犯者（戦争の主導者）が祀られているということへの批判があるために、靖国神社という存在が特に注視されてしまいます。

③憲法学的には、単なる視察ではなく、宗教儀礼に則った参拝をすることで、ある特定の宗教に特別の地位を与えようとする国家の行為そのものが憲法の規定する政教分離に違反しているのではないか、ということが問題とされるのです（加えて、実は伊勢神宮への式年遷宮も厳密には政教分離原則との関係で問題になるはずなのですが、日本の裁判制度というのは、訴訟を起こされた場合のみ裁判所が動くため、原告となってその問題を訴えようとする人が現れない限り、この憲法的問題は争われないのです）。

2 なぜ日韓問題となるのか

では、なぜ本書でこの問題を扱うのでしょうか。靖国神社参拝問題とは、日韓問題なのでしょうか。

これは、厳密にいえば、日韓問題でもあるし、日中問題でもあるし、日本の国内問題でもあり、アメリカや東南アジアの国々も声明を出すほど、たくさんの関係者がいる問題です。ところが、特に韓国と中国は公式に抗議をするため、靖国神社参拝問題といえば、真っ先に思いつくのは日中・日韓関係であると思います。そこで、本書では、日韓問題の一つであるとして、扱うことにします。

とはいえ、本書は、光の見えない日韓問題に憲法という角度から切り込んでみるというものですので、政治的問題や感情的問題については、深く入り込まず、一般論にとどめたいと思います。

3 靖国神社参拝問題を整理しながら考えてみよう

3・1 政治的問題

議論が対立し、紛糾している中で、内閣総理大臣や国会議員の方々が、靖国神社へ参拝することの政治的意味／政治的目的はどこにあるのでしょうか。政治家というのは非常に賢い方々で、国民を馬鹿にしているわけではありません。参拝することによって達成される目的と、参拝することによって生じるデメリットを比較して、前者の目的達成が優先されるからこそ、参拝を行っているはずです。

靖国神社を参拝することで達成される目的

では、政治家として靖国神社を参拝することで達成される目的とはなんでしょうか。これは、国民を代表し、お国のために亡くなられた方々を偲び、慰霊・追悼するということがまず挙げられます。その他に考えられることは、戦争で散った英霊を祀るという目的を持った方もいらっしゃるでしょうし、中には先の大戦とその処理（東京裁判）を疑問視して戦犯などということは考えずに行かれる方もいらっしゃいます。

そして、国民の中には、この参拝によって心が安らぐ方がいらっしゃるでしょう。

靖国神社を参拝することで生じるデメリット

では、靖国神社を参拝することで生じるデメリットとはなんでしょうか。ここでは、中曽根首相や小泉首相、安倍首相が靖国神社を参拝したときに生じた問題を考えてみましょう。

最も大きなものは周辺諸国との関係悪化です。特に韓国・中国は政府が抗議をするほどです。２０１３年に安倍首相が参拝した際には、米国も苦言を呈すようになっています。

また、国民と他国の方々の印象を悪くさせる可能性があります。極東軍事裁判（東京裁判）という（日本国政府も受け入れている）戦争犯罪を裁く裁判で戦争犯罪者とされた方々を祀っている場所へ首相らが参拝するというのは、少なくとも良い印象は与えません。

参拝しないことで生じるデメリット？

もう一つ、政治的に重要な視点として、「それをしなかった場合に何か問題が生じるのか」

です。もし政治家が靖国神社に参拝しなかった場合、何が生じるのか。これを考えねばなりません。もし何もしない方が、参拝したときに生じるデメリットを考慮してベターだというのであれば、何もしない方が「政治的に」は正しい選択であるといえるからです。この点は逆に参拝をしてこなかった時期にどういう問題が生じているのかを考えればよいのです。基本的には、すでに1で述べた目的が達成されないということでしょう。

選択の問題

ここまでは一般論として述べてきましたが、あとは政治的選択の問題です。何を是とし、何を非とするのかは、政治的にはもはや選択の問題であって、それぞれの首相、議員が国民の代表として採るべき行動をするのみです。

本書では、政治的問題についてはこの辺りで筆を止めたいと思います。

3・2 感情的問題

とはいえ、賛成派も反対派もここまで見てきたような政治的な議論、次に述べるような憲法的な議論はさておき、感情面でぶつかってしまうことが多々あります。感情面については、論理や説明を超えた部分ですので、説得することは難しいかもしれません。本書では、どちらの思いも記すということにとどめたいと思います。

賛成派

首相を含めた政治家の靖国神社参拝に対して賛成する方々の思いというのをいくつかご紹介したいと思います。

まずは、「国のために亡くなった方々を祀る施設に行き、慰霊をするのは、国家の代表として当然である」という思い。

次に、「戦死した者の遺族として、靖国神社を罵倒するような言論、無碍にするような扱いは、胸が裂かれる」という思い。これは、小泉首相が靖国神社へ参拝したことについて政教分離違反として争われた大阪地方裁判所での訴訟で、遺族として陳述書を提出した岩井益子さんの陳述を参考にしています。

あるいは、「国内問題について、外国にとやかく言われる筋合いはない」という思いもあるでしょう。

反対派

では、靖国神社参拝について反対派の方々はどのような感情を持っているのでしょうか。

一つは、「戦犯者が祀られているところに首相が行ってほしくない」という思いでしょう。私が実際に靖国神社へ伺った際、話しかけてくださったおじいさんは「戦犯かどうかなんて戦勝国が決めたことだ。だけどね、兄貴がここで眠ってるんだが、負けるとわかってる戦場に兄貴を送り込んだ指導者たちがここに一緒に眠っていることに怒りを感じる」とおっしゃっていました。

次に、「戦前の軍国主義を肯定する、あるいは復活する」ことへの恐怖というものもあります。

また、「なぜ、戦死した方も、空襲で亡くなった方も慰霊する全国戦没者追悼式ではダメなのか」という思いを持つ方もいらっしゃいます。

このように、賛成派も反対派もそれぞれの感情を持っておられて、こうすべきであるということを、論理を超えた部分で持っていらっしゃいます。この点については、いかに論理的に反論しようとしても、受け入れていただけないことが多いのが現実です。

ですが、感情論や政治的な問題はさておき、憲法的問題としてどう考えるのかを本書では考えてみたいと思います。政治家は憲法を遵守して行動せねばならず、政治家個人の政治的選択や感情的選択があったとしても、憲法を超えてはならないからです。

3・3 憲法的問題

それでは、ここから憲法的問題を考えてみたいと思います。

復習となりますが、憲法的問題とは、「国会議員が靖国神社に参拝することが、憲法20条1項、3項、89条の禁止する『政教分離原則』に反する憲法違反の行為ではないか」ということですね。

より詳しく議論していきたいため、項目を変えて考えていきましょう。

4 憲法的問題――政教分離原則とは

4・1 政教分離原則

政教分離原則とは、その名のとおり、「政治と宗教は分離されなくてはならない」という原則であり、これが一般的な定義です。もっとも、その内容は各国によって異なり、以下のような3つのタイプの政教分離があります。

①国教を認めるが、それ以外の宗教についても信教の自由を保障し、寛容に処遇するというタイプ（イングランドなど）。
②教会が特別の地位を認められ、国家と教会の双方に関わる事項については両者に政教条約を結ぶというタイプ（ドイツやイタリアなど）。
③国家と宗教との間に明確な分離の壁を設けるタイプ（アメリカ、フランス、日本など）。

では、なぜ「政教分離原則」なるものがあるのでしょうか。
その理由・根拠は、次の通りです。

①多数派宗教が政治権力を掌握し（あるいは、政治権力が多数派宗教を擁護し）、少数派宗教の信者に対し間接的圧力をかけることのないようにすることで、信教の自由を全ての人に保障する。
②政治と宗教が融合し、政治の領域に宗教教義が持ち込まれれば、政治が宗教教義によって分断され成り立たなくなるため、それを回避する。

という理由があるとされています。
それでは、日本式の政教分離が憲法においてどのように定められているのか、憲法の条文を見ましょう。

第20条（信教の自由、政教の分離）
一項　信教の自由は、何人に対してもこれを保障する。いかなる宗教団体も、国から特権を受け、又は政治上の権力を行使してはならない。
三項　国及びその機関は、宗教教育その他いかなる宗教的活動もしてはならない。
第89条（公金支出・公的財産供用の禁止）
公金その他の公の財産は、宗教上の組織若しくは団体の使用、便益若しくは維持のため、又は公の支配に属しない慈善、教育若しくは博愛の事業に対し、これを支出し、又はその利用に供してはならない。

実は、これらすべてが政教分離に関する定めなんです（憲法20条1項は後段と呼ばれる後半部分が政教分離に関するものです）。

4・2 最高裁判所はなんといっているのか？

では、日本国憲法をもとに考えると、具体的に「政教分離＝政治と宗教の分離」とは何を意味するのでしょうか。たとえば、神社に対して国有地を貸してあげることや、仏教系／キリスト系の大学に補助金を出すことも、政治と宗教を分離できていないからダメなのでしょうか。まだ条文だけでは見えてこないため、これを確定的に解釈する最高裁判所の見解を見る必要があります。

最高裁判所は、津地鎮祭訴訟[1]という事件において、政教分離原則についての解釈を行っています。早速、以下の最高裁判所の解釈を見てみましょう。

「……政教分離原則は、国家が宗教的に中立であることを要求するものではあるが、国家が宗教とのかかわり合いをもつことを全く許さないとするものではなく、宗教とのかかわり合いをもたらす行為の目的及び効果にかんがみ、そのかかわり合いが右の諸条件に照らし相当とされる限度を超えるものと認められる場合にこれを許さないとするものであると解すべきである。（中略）（憲法20条3項の禁止する宗教的行為とは）およそ国及びその機関の活動で宗教とのかかわり合いをもつすべての行為を指すものではなく、そのかかわり合いが右にいう相当とされる限度を超えるものに限られるというべきであつて、当該行為の目的が宗教的意義をもち、その効果が宗教に対する援助、助長、促進又は圧迫、干渉等になるような行為をいうものと解すべきである」

読みにくいかもしれませんので、一旦まとめてみます。

①わが国の政教分離原則は、国家が宗教的に中立的であることを求めるものであって、宗教に対して不介入を求めるものではない。

②憲法で禁止されている国家の宗教的行為とは、宗教とかかわるもののうち、そのかかわり合いが相当な限度を超えたものをいう。

③宗教とのかかわり合いが相当な限度を超えているかどうかは、その行為の目的に宗教的意義があり、その行為の効果が特定の宗教に対する援助、助長、促進、圧迫、干渉などになるかによって判断する。

以上が、最高裁判所の政教分離原則の解釈です。

あとは、首相による靖国神社参拝という行為が、宗教とのかかわり合いとして、相当な限度を超えているかどうかを考えるだけでよいのです。

意外に明快ではないですか？

5 裁判所の見解

5・1 最高裁判所の見解

では、最高裁判所は「首相の靖国神社参拝」のことをどう考えているのでしょうか。4・2で最高裁判所が考える「政教分離」を学びましたが、実際に首相が靖国神社を参拝したことをどう考えるべきかは、やはり法解釈として絶対的な存在である最高裁判所の答えが最も参考になります。

といいたいところなのですが、実はこの問題に関して、最高裁判所はまだ見解を明らかにしていません。専門的な話にしたくないので、なぜなのかは詳しくは述べませんが、簡単にいえば、首相の靖国神社への参拝行為を政教分離原則違反だと主張して訴え、裁判所に判断してもらう方法がまだ訴訟の形態として存在しないのです。詳しく学びたい方はそれぞれの専門書で勉強していただきたいのですが、最高裁判所の判断はそのせいで出ていないというのが現状です。

しかし、地方裁判所や高等裁判所では、（最高裁判所のように最も権威ある判決ではありませんが）政教分離原則に違反しているかどうかについて、踏み込んで判断した判決があり、最高裁判所の見解がない以上、そちらを取り上げて考えるほかありません。

5・2 地方裁判所／高等裁判所の見解

これまでに、首相の靖国神社参拝について争われた事件について、次にまとめてみました（図4－1）。

「憲法判断なし」には、憲法の議論までしていないうちに判決を出しているというものです。基本的に裁判所というのは、憲法の議論をしないでいいのならしないという暗黙の原則があります。逆にいうと、それでも憲法の判断をしている裁判については、それだけ踏み込んで判断しているということになります。

さて、以上の裁判を見てみると、実は憲法判断に入ったもので「合憲」と述べているものは一つもありません。

そこで、裁判所が具体的にどのように考えているのかをいくつかピックアップして考えたいと思います。

図４－１

	争われた行為	判決年月日／裁判所	合憲／違憲
①	岩手県議会が首相の公式参拝を求める決議を出したこと	1991年1月10日 仙台高裁	**違憲**
②	中曽根首相の公式参拝	1992年2月28日 福岡高裁	公式参拝を継続すれば**違憲**とした
③	同上	1992年7月30日 大阪高裁	**違憲**の疑いありとした
④	同上	1993年3月18日 大阪高裁	憲法判断なし
⑤	小泉首相の参拝※	2004年2月27日 大阪地裁（一次）	憲法判断なし
⑥	同上	2004年3月16日 松山地裁	憲法判断なし
⑦	同上	2004年4月7日 福岡地裁	**違憲**
⑧	同上	2004年5月13日 大阪地裁（二次）	憲法判断なし
⑨	同上	2004年11月25日 千葉地裁	憲法判断なし
⑩	同上	2005年1月28日 那覇地裁	憲法判断なし
⑪	同上	2005年4月26日 東京地裁	憲法判断なし
⑫	同上	2005年7月26日 大阪高裁（一次）	憲法判断なし
⑬	同上	2005年9月29日 東京高裁	憲法判断なし
⑭	同上	2005年9月30日 大阪高裁（二次）	**違憲**
⑮	同上	2005年10月5日 高松高裁	憲法判断なし

※小泉純一郎首相の靖国神社参拝については、後に「私的参拝」と首相自身が述べられていますが、公式参拝として扱う判決と、なお私的参拝であるする判決のいずれもがあります。上記違憲判決が出ているのは全て「公的参拝」とされたものです。

①仙台高裁の判決（岩手県議会が首相の公式参拝を求める決議を出した事件）

「内閣総理大臣の靖国神社公式参拝は、その目的が宗教的意義をもち、その行為の態様からみて国又はその機関として特定の宗教への関心を呼び起こす行為というべきであり、しかも、公的資格においてなされる公式参拝がもたらす直接的、顕在的な影響及び将来予想される間接的、潜在的な動向を総合考慮すれば、前記公式参拝における国と宗教法人靖国神社との宗教上のかかわり合いは、憲法の政教分離原則に照らし、相当とされる限度を超えるものであり、憲法20条3項が禁止する宗教的活動に該当する違憲な行為である」

さらに、もっと具体的に踏み込んで述べているのは、⑦2004年の福岡地裁の判決です。この判決はかなりポイントごとに指摘しているため、詳しくまとめてみます。

⑦福岡地裁判決（2004年4月7日）

・本当に戦没者の追悼という意味だけか

「……本件参拝当時、内閣総理大臣が国の機関として靖国神社に参拝することについては、他の宗教団体からだけではなく、自民党内及び内閣内からも強い反対意見があり、国民の間でも消極的な意見が少なくなかったことに照らせば、一般人の意識においては、本件参拝を単に戦没者の追悼という行事と評価しているものとはいえない」

・政教分離規定はなぜ置かれたのか

「……憲法の政教分離規定は、明治維新以来国家と神道が密接に結びついて種々の弊害が生じたことへの反省の観点から設けられたものである」

・社会的儀礼としての参拝なのか

「……被告小泉は、本件参拝後も毎年1回の頻度で靖国神社に参拝し続け、『1年に1度と思っている』『私が首相である限り、時期にはこだわらないが、毎年靖国神社に参拝する気持ちに変わりはない』と発言するなど、将来においても継続的に国の機関である内閣総理大臣として靖国神社に参拝する強い意志を有していることが窺われることからすれば、単に社会的儀礼として本件参拝を行ったとは言い難い」

・代替行為はないのか

「……国の機関である内閣総理大臣としての戦没者の追悼は、靖国神社への参拝以外の行為によってもなし得るものである」

・戦没者の追悼施設として、靖国神社は適切か

「靖国神社が前記認定の沿革及び性格を有していること、特に戦没者のうち軍人軍属、準軍属等のみを合祀の対象とし、空襲による一般市民の戦没者などは合祀の対象としていないことからすれば、内閣総理大臣として第2次世界大戦による戦没者の追悼を行う場所としては、宗教施設たる靖国神社は必ずしも適切ではないというべきであって、現に、被告小泉自身、本件参拝に際して発表した『小泉内閣総理大臣の談話』において、戦没者の追悼方法について議論する必要があるという認識を有している旨表明し、これを受けて政府は、本件参拝後に戦没者追悼のための公営施設の在り方を考えるための懇談会を設置し、検討を委ねていた。それにもかかわらず、被告小泉は、本件参拝後も継続的に靖国神社に参拝し、既に本件参拝を含めて4回も内閣総理大臣として靖国神社に参拝していることに照らせば、一般人に宗教的行為と捉えられること並びに参拝をすることについて憲法上の問題及び国民又は諸外国からの批判等があり得ることを十分に承知しつつ、あえて自己の信念ある

いは政治的意図に基づいて本件参拝を行ったものというべきである」

・結論

「以上の諸事情を考慮し、社会通念に従って客観的に判断すると、本件参拝は、宗教とかかわり合いをもつものであり、その行為が一般人から宗教的意義をもつものと捉えられ、憲法上の問題のあり得ることを承知しつつされたものであって、その効果は、神道の教義を広める宗教施設である靖国神社を援助、助長、促進するものというべきであるから、憲法20条3項によって禁止されている宗教的活動に当たると認めるのが相当である」

もちろん、この判決も地方裁判所判決であり、一つの視点を皆さんに提供するものにすぎません。最高裁判所が憲法の番人であるため、最高裁判所の見解を待ちたいところですが、やはり裁判のシステムとしてまだまだ最高裁判所はこの件に関しての見解を聞かせてくれそうにありませんので、他の裁判所の見解を出してみました。

6 疑問の多い議論

ここまで、憲法的議論を中心に見てきました。最後は、世間で日頃から聞かれるこの問題についての議論で、疑問が多いものについてそれぞれ考えたいと思います。

6・1 国内問題であり、内政干渉である

「日本国の首相が靖国神社を参拝するということに、中国や韓国、アメリカ（厳密には東南アジアの国々も含め）がぐちぐち言うのは、内政干渉である」ということを述べられる方がいらっしゃいます。

これについては、異議を述べさせていただきたいと思います。

すでに述べたように、靖国神社には明治維新以降、日本の植民地化政策によって戦死した多数の兵の霊が祀られています。そこにはもちろん朝鮮事変や台湾征討、満州事変での戦死者も含まれています。韓国・朝鮮や中国、台湾の方々がたくさん亡くなったことを考

えれば、本当に部外者なのでしょうか。

また、先の大戦において亡くなった朝鮮兵・台湾兵がそれぞれ2万人以上靖国神社には祀られています。中には、遺族が合祀したくないと主張しているにもかかわらず、合祀されてしまっている方々もいらっしゃって、実際に訴訟にまで発展したものもあります。

歴史的に、もともと日本であった国々について、今は異なる国家であるからという理由で内政干渉というのは不当ではないでしょうか。

6・2 極東軍事裁判（東京裁判）は認めない

A級戦犯やB・C級戦犯というものが生まれた極東軍事裁判（東京裁判）を認めないため、「戦犯が祀られているという批判は不当だ」という意見があります。

しかし、日本国政府が、サンフランシスコ平和条約を締結する際に、この裁判を受け入れるとしている以上、このような意見は取るに足らないといえるでしょう。

6・3 分祀せよ

賛成派の方や反対派の方のどちらからも見受けられる意見として、「戦犯を分祀し、別の場所に祀るようにすれば、首相が堂々と参拝できる」というものがあります。

もしこれができれば、確かに政治的問題は回避できそうです。ところが、すでに述べたとおり、首相の靖国神社参拝問題とは、政治的問題・感情的問題が解決されたとしても、憲法的問題が残るんです。そして、憲法的問題については、戦犯者が祀られているのかどうかにかかわらず、国家と神道との関係について政教分離原則が問題となるため、問題の解決は図れません。

なお、中曽根首相の時代に靖国神社側に分祀ができないかという動きがありましたが、その際、靖国神社側は明確に拒否しました。神道の教義として、いったん神として祀ったものを外すことはできないという理由からです。

6・4

私人として参拝をしている

小泉純一郎首相は、2001年8月13日の自身の参拝について、後に私的参拝であることを強調されました。この点については、裁判所の中でも公的参拝か私的参拝かの判断が分かれています。

ここは、「公用車を用い、側近・護衛官を従え、閣僚が連れ立って参拝し、職業欄に『内閣総理大臣』などと記帳するという行為」を私的な参拝といえるのか、という批判があります。他方で、首相個人にも信教の自由は認められるのであって、24時間公人というわけではないのだから、私的な参拝も認められるべきであるという反論もありえます。

こちらに関しては、客観的な事実からどのように考えるかであって、首相個人や政府が「私的参拝だ」といったからといって私的参拝になるわけではありません。公務に当たるのか、公用車を使っているのか、公金の支出があるのか、署名は個人の名前だけなのか等、客観的な事情から判断されるべきですので、注意してください。

6・5 靖国神社は宗教施設ではない

「靖国神社については、宗教性がない」という意見もあります。が、これは苦しい意見かと思います。宗教法人として法人格を持ち、神道という特定の方式に則って儀礼を行い、鳥居などの施設をもった存在として、宗教性を否定することは非常に難しいでしょう。確かに、「神道は宗教ではない」という主張もあり、宗教とは何なのかという哲学的な問いになってしまうのは避けたいのですが、少なくとも宗教法人として種々の活動を行う靖国神社の宗教性を否定することはできないでしょう。

ちなみに、かつて自民党が靖国神社を特殊法人化して、政教分離原則違反をクリアしようとしていましたが、国会でその提案が否決されました。これは、靖国神社を非宗教的なものにするための動きでした。

6・6 天皇陛下が親拝していない

「昭和天皇はＡ級戦犯が祀られていることを不快に思い、１９７５年を最後に靖国神社に親拝しておらず、今上天皇も親拝していない。国家元首がしていないのだから、首相もすべきではない」という意見があります。

これについては、少し議論のフェーズが違うのではないでしょうか。つまり、それはそれ、これはこれ。国家元首ではありますが（ちなみに、国家元首であるかどうかも実は見解が分かれることはまたこの後の章でお話しします）、天皇陛下は政治的行為を行うことはなく、陛下が親拝をしないというのはご自身の配慮であると考えられます。それとは異なり、内閣総理大臣というのは政治的行為を対外的に行う国民の代表であり、首相は首相として責任を持って政治的選択を行います。陛下がしていないから首相もするなというわけではありません。もっとも、政治的選択を首相が行う上で参考にはなるのかもしれませんが。

6・7 代わりの施設／慰霊祭がある

「靖国神社とは異なり、非宗教的な日本の戦没者慰霊施設として千鳥ヶ淵戦没者墓苑があり、そちらへ参拝すべきである」、あるいは、「8月15日に武道館で開かれ、陛下らも臨席される全国戦没者追悼式への出席で十分ではないか」という意見があります。

これは、最も妥当な意見にも思えるかもしれませんが、「靖国で会おう」「靖国で祀ってもらえる」と思いながら亡くなっていった方々の気持ち、靖国神社に祀られている英霊の遺族の方々の気持ちを慮れば、やはり靖国神社という存在が他の施設や儀式とは異なり、特別な意味を持つということを反対派の方々も理解しなければなりません。

7 一応の結論

以上、本章では靖国神社参拝問題について、見てきました。

首相が総理大臣として靖国神社へ参拝するというとき、韓国や中国からは大きな批判がやってきます。しかし、そこは政治的選択、政治的決定であるため、時の首相が国民の代表として取るべき行動を取ったということでしょう。それがもし国内的に認められないのであれば、その政治的選択に対し、その首相は政治的責任を負います（選挙によって）。

ですので、個人的な感情論云々は議論が見えなくなるので置いておいて、「政治的に」首相の靖国神社参拝が誤っているという議論はここではしません。

しかし、「憲法的に」どのように首相の参拝行為を肯定するのかということを肯定派（賛成派）は考えなくてはなりません。司法や憲法学の立場では、現行憲法下において靖国神社への首相の参拝は非常に疑義があると捉えられていることは上記のとおりです。

本章では、参拝賛成派、あるいは反対派の皆さんに、政治的・感情的問題を克服できたとしても、この憲法的問題をどう考えるのかという視点を提供したく、述べさせていただきました。

ちなみに、政教分離原則の規定を憲法改正で改めるという動きも自民党改憲草案には見て取れます。憲法改正へ向け、9条や96条のみならず、政教分離についても国民的議論をしていきたいところですね。

注釈

1 最大判

まとめ

▼一般に「靖国神社参拝問題」とは、首相が靖国神社に参拝する行為を指しますが、

これには①憲法的問題、②政治的問題、③感情的問題の3つの問題がからみ合っています。これらの問題の区別を意識することなく議論がされてしまうと、平行線をたどることになってしまうため、きっちりとどの問題の話なのかを意識しながら考えましょう。

▼憲法的問題の核心部分は、首相の参拝行為が政教分離原則に反しないかということです。日本国憲法は、政教分離原則を定めており、国家が限度を超えて特定の宗教とのかかわり合いを持つことを禁じています。首相が公式に靖国神社に参拝することは、神道とのかかわり合いを相当な程度以上に持つことにならないのかが疑問視されています。

▼日本の訴訟制度上、最高裁判所はこの点について触れることがないのですが、地方裁判所や高等裁判所においては合憲と判断された例はなく、逆に違憲判決や違憲の疑いありとされた判決が複数出されています。

▼首相による靖国神社への参拝は、政治的にも感情的にも重要であるのかもしれませんが、これを肯定するためには、政教分離原則違反の疑いをどう解決するかということを考えなければなりません。

第4章

天皇ってどういう地位なの？政治的責任はあるの？

憲法において、天皇陛下とは国家の象徴とされています。つまり、抽象的な日本国という概念を具体化する存在です。しかし、政治的権限は皆無であり、政治的責任を負いません。したがって、韓国の大統領がいくら戦争への謝罪を要求したところで、そもそもそのような責任を果たすことができず、無意味な要求なのです。

歴史的経緯から、特に韓国との関係では「天皇」という概念が大きな存在感を持っています。戦前から戦後、憲法における「天皇」の立ち位置の変化から、日本において「天皇」がどういう存在なのかについて理解を深めたいと同時に韓国がひょっとすると陥っているかもしれない誤解を紐解きたいと思います。

この章に出てくる憲法の条文

第1条（天皇の地位、国民主権）
天皇は、日本国の象徴であり日本国民統合の象徴であつて、この地位は、主権の存する日本国民の総意に基く。

第2条（皇位の世襲を継承）
皇位は、世襲のものであつて、国会の議決した皇室典範の定めるところにより、これを継承する。

第3条（国事行為と内閣責任）
天皇の国事に関するすべての行為には、内閣の助言と承認を必要とし、内閣が、その責任を負ふ。

第4条（天皇の国政不関与、国事行為の委任）
第1項　天皇は、この憲法の定める国事に関する行為のみを行ひ、国政に関する権能を有しない。
第2項　天皇は、法律の定めるところにより、その国事に関する行為を委任することができる。

第5条（摂政）
皇室典範の定めるところにより摂政を置くときは、摂政は、天皇の名でその国事に関する行為を行ふ。この場合には、前条第一項の規定を準用する。

第6条（天皇の任命権）
第1項　天皇は、国会の指名に基いて、内閣総理大臣を任命する。
第2項　天皇は、内閣の指名に基いて、最高裁判所の長たる裁判官を任命する。

第7条（国事行為）

天皇は、内閣の助言と承認により、国民のために、左の国事に関する行為を行ふ。
一　憲法改正、法律、政令及び条約を公布すること。
二　国会を召集すること。
三　衆議院を解散すること。
四　国会議員の総選挙の施行を公示すること。
五　国務大臣及び法律の定めるその他の官吏の任免並びに全権委任状及び大使及び公使の信任状を認証すること。
六　大赦、特赦、減刑、刑の執行の免除及び復権を認証すること。
七　栄典を授与すること。
八　批准書及び法律の定めるその他の外交文書を認証すること。
九　外国の大使及び公使を接受すること。
十　儀式を行ふこと。

第8条（皇室の財産授受）

皇室に財産を譲り渡し、又は皇室が、財産を譲り受け、若しくは賜与することは、国会の議決に基かなければならない。

1 国家元首への謝罪要求？

2012年8月14日、終戦記念日（韓国では光復節といいます）を控えたこの日に、驚くようなことがありました。李明博大韓民国大統領（当時）が、天皇に対し、「『痛惜の念』などという良く分からない単語を持ってくるだけなら、来る必要はない。韓国に来たいのであれば、独立運動家を回って跪《ひざまず》いて謝るべきだ」と謝罪を要求する発言を行ったのです。これは、李明博大統領が8月10日に竹島（独島）に上陸した直後の発言であったため、日韓関係の緊張を高める象徴的なできごととして報道されました。

かつて、李明博大統領は大統領就任前より、日本に対して謝罪や反省は求めないという立場で発言をしており、大統領就任後も訪日の際に天皇、皇后に対して韓国訪問を招請するなど、知日派大統領として知られていました。そのような彼がなぜこのような行動をとったのかは想像に難くありません。李明博政権に対する支持率が25%程度に下落し、これに対抗するため、日本に対する強硬な態度をとったのです。対日政策を強硬にすれば、支持率が一定程度上昇するというのは韓国政治においては知られたものです（ここでは「一定程度」というのが留意点です。実際には5～10%くらい支持率は上がりますが、逆にいうと上がっても高々その程度なのです）。

これに対し、同年8月24日、日本の国会では抗議決議が採択され、衆議院・参議院ともに可決されました。内容としては、韓国による竹島の不法占拠への抗議と、謝罪要求発言への撤回要請でした。

このできごとは、私自身も非常に重く受け止めており、李明博大統領の発言は完全に失言の類であると感じました。天皇の憲法上の地位うんぬんはこれから見ていきますので措《お》くとしても、政治的にも李明博大統領は大きく見誤りました。政権末期とはいえ、韓国にとって非常に重要な日韓関係というものを構築する国家元首がこのような失言をするとは、恥ずべきことでしょう。

そもそも、在日韓国人のコミュニティでも、天皇という存在に対して敬意を持つ方や、理解を示す方もたくさんいますし、たとえそうではなくても、日本における天皇の存在の大きさを知る在日韓国人コミュニティの反応が芳しくなかったことは確かです。

もっとも、本書の目的はこのようなできごとの政治的評価を下すものではありません。このようなできごとをもとに、そもそも「天皇制」「天皇」とは何か、日本国憲法ではどのような地位として存在し、何ができるのかということを考えてみたいと思います。日韓関係を見ていく上で、「天皇」という存在は避けては通れません。ぜひ、改めて考えてみましょう。

2 天皇とはどういう存在なのだろう

2・1 憲法にはなんて書いてあるかな？

さて、まずはそもそも論ですよね。「天皇」とはそもそもどういう存在なのでしょうか。そのヒント、というより答えそのものは日本国憲法に書いてあります。第1章で学んだとおり、憲法にはこの国のあり方、統治の方法が定められています。もちろん、天皇についてもここに根拠があり、どういう存在なのかが書かれています。本章の冒頭で日本国憲法にある天皇制に関する条文すべてを抜き出してみましたが、ここでは天皇の地位に関する最も重要な第1条のみを抜き出してみたいと思います。

第1条（天皇の地位、国民主権）
天皇は、日本国の象徴であり日本国民統合の象徴であつて、この地位は、主権の存する日本国民の総意に基く。

2・2 象徴天皇制

条文にあるとおり、天皇は、日本国の象徴であり、日本国民統合の象徴とされています。ここでいう「象徴」とは、平和の象徴がハトであるということと同じように考えて下さい。つまり、抽象的・観念的な概念が、より具体的な物や形などによって表されたことを指して、「象徴」といっています。天皇が日本国の象徴であるということの意味は、具体的な天皇という存在があって、天皇を拝見したり、そのお言葉を拝聴したりすることで、抽象的・概念的な日本国と日本国民の統合を思い描くことができるということです。

このような天皇制のことを、少し難しい言葉では「象徴天皇制」といいます。

もっとも、明治時代にできた大日本帝国憲法（明治憲法）においても、天皇が象徴であることに変わりはありませんでしたが、きちんとした言葉で文章として憲法に書いたのはこの日本国憲法が初めてでした。では、なぜそのような記述を明文として日本国憲法に置いたのかというと、それは「あえて」そうすることによって、「天皇が象徴であるにすぎず、具体的な権限を行使することはできない」ということを強調するためでした。要するに、「天皇は戦前とは異なり、実質的な政治的権力を持っていないですよ」ということの強調なのです。

では、念のため、天皇制というものを初めてきっちりとした制度として整備した明治憲法と日本国憲法を比較し、明治以降戦前までの天皇の地位と、戦後の天皇の地位というの

図5－1

	明治憲法（大日本帝国憲法）	日本国憲法
天皇の地位	現人神	象徴
天皇の地位の根拠	神勅	国民の総意
主権者	天皇	国民
天皇の権限	統治権の総攬者	形式的・儀礼的権限

を比較してみたいと思います。

2・3 明治憲法と日本国憲法の相違

左図のように簡単にまとめてみましたが、1つずつ見ていこうと思います。

まず、天皇の地位ですが、日本国憲法では今までに見てきたように、天皇は「象徴」です。これに対して、明治憲法（大日本帝国憲法）では、天皇は現人神（簡単にいうと、神様ですね）として、神聖不可侵な絶対的存在とされていました。これは、天皇の祖先が天照大御神であるのだから、その子孫も神であるという神道の考え方に基づいたものでした。

このような天皇の地位はどのような根拠があったのかというと、明治憲法では、神勅といわれる神の命令に根拠がありました。神様の地位を、人間の誰かが決めることはできません。これに対して、日本国憲法では「国民の総意」

が天皇の地位の根拠です。つまり、日本国民が「象徴としての天皇の地位」に同意したということが、まさしく天皇の地位の根拠になっているのです。

このような考え方は、「主権者が誰か」という問いにもつながります。つまり、神である天皇が統べる（統治する）国が日本であるのだから、明治憲法における日本の主権者は天皇に他なりません。逆に、日本国憲法では、日本国民の総意によって天皇は象徴とされており、主権者は国民です。国民がこの国のあり方を決めていくことができるのです。

最後に、天皇の権限というものを対比しましょう。明治憲法下では、天皇が主権者である以上、天皇にすべての統治権が認められていました。これを難しい言葉で「統治権の総攬《そうらん》者」といいます。日本を統治するためのすべての権利を天皇が持っていたんですね。しかし、日本国憲法においてはもちろんそのようなことにはなっていません。日本国憲法において、象徴である（にすぎない）天皇には非常に形式的、儀礼的な権限しか認められていません。これは、戦後、日本の統治システムを考える上で、天皇制を残しつつも民主化を進めなければならないと考えたＧＨＱの意向が大きく反映されています（ここは第１章でも触れました）。

以上が、簡単な戦前／戦後の天皇の地位の対比になります。

このように見ると、両方とも共通して、天皇という地位がやはり非常に特別な存在として認識されていることがわかりますよね。

では、天皇と内閣総理大臣ではどちらが日本の代表なのでしょうか。このような言い方はとても多義的で曖昧ですので避けるべきなのですが、よく質問されることとして、「日本の国家元首は誰なのか」というものがあります。次はこれを考えてみましょう。

2・4 国家元首たる地位

日本の国家元首は誰なのか。

これを考えるためには、やはり「国家元首」というものが何なのかを考えなければなりません。国家元首というのは、政治学を勉強したりしていない限り聞き覚えのない言葉ですよね？

とはいえ、実は国家元首という言葉も実は非常にたくさんの意味を持った言葉で、統一的な定義があるわけではないんです。単に「国家を対外的に代表する者」という意味だけではなく、「対内的に行政を司り、対外的に国家を代表して条約等を締結する者」という定義をしたりしますが、一概には決められません。前者の定義であれば、天皇は国家元首といえるかもしれませんが、後者の定義であれば天皇は国家元首ではありません。

では、国際比較をしてみるとどうかというと、アメリカの国家元首は大統領ですし、韓国の国家元首も大統領、中国は国家主席です。イギリスは女王ですし、スペインは国王、ドイツは大統領、フランスも大統領です。ここで言いたいことは、基本的には大統領制の国は大統領が国家元首になり、君主制の国は君主が国家元首になっているということです。

もっとも、日本の天皇制は、君主制であるかどうかも微妙なところであり、これも一概には決まらないのです。単に君主が「世襲で伝統的に権威を持った存在」とすれば天皇は君主になりますが、君主とは「統治の権能を持ち、これを行使して国家を統治する者」という定義になれば、日本国憲法の下では天皇は君主ではありません。

結局、日本国憲法において、天皇が国家元首であるか、君主であるかという問いの答えは、「定義による」としかいえません（ちなみに、明治憲法では天皇が元首であることが明確に定められていました）。

とはいえ、最後に日本政府の公式見解をお伝えしておこうと思います。日本政府の公式見解としては、定義次第では「天皇は元首といって差し支えない」としています。その理由として、天皇は国の象徴であり、さらにはごく一部では外交関係において国を代表する面もあるためとしています。

では、ここまで「天皇の地位」というものを中心に見てきましたが、日本国憲法のもとで、象徴である天皇は何ができるのかを見ていこうと思います。

3 天皇は何をする（ことができる）のだろうか

3・1 国事行為

天皇が行うことができる行為も、すべて憲法に定められています。憲法第1章頭にある憲法4条1項、6条、7条がまさにその条文なのですが、天皇は、「この憲法の定める国事に関する行為のみを行い、国政に関する機能を有しない」とされ（憲法4条1項）、6条と7条で列挙された国事行為のみを行うことができるとされています。

〈天皇の国事行為〉

- **国事行為の委任**
- **内閣総理大臣の任命**
- **最高裁判所裁判官の任命**
- **憲法改正、法律、政令および条約の公布**

・国会の召集
・衆議院の解散
・総選挙の施行の公示
・国務大臣の任免などの認証
・大赦、特赦、減刑、刑の執行の免除、復権の認証
・栄典の授与
・外交文書の認証
・外国大使および公使の接受
・儀式

もっとも、憲法3条と7条にあるとおり、天皇がこれらの国事行為をするには、「内閣の助言と承認」が必要で、内閣がその責任を負うと定められています。つまり、実際にはこれらの権限を実質的にコントロールしているのは内閣であり、天皇は形式的にこれらの最終的な行為を行っているのです。したがって、天皇の国事行為は形式的・儀礼的行為となります。

3・2 それ以外

さて、天皇がこれら以外の行為ができないかというと、そんなことはありません。たとえば、演劇鑑賞をされたり、お散歩をされたりもしています。これらのように、私人として私的な行為を行うことは当然にあります。もちろん、これらの私的な行為に「内閣の助言と承認」は不要です。

もっとも、象徴たる天皇として、国事行為には当たらず、かつ、私的行為でもないものもあります。たとえば天皇・皇后主催の園遊会や、全国巡幸、被災地への訪問などです。これらの行為は、確かに国事行為には当たらないですが、公的な行為ですので、内閣のコントロールが及ぶ必要があり、実際にもそのようになっています。

4 天皇の責任

最後の項目にいきましょう。天皇の責任についてです。

先ほど、さらっと述べたのですが、憲法3条にあるとおり、天皇の国事行為は、すべて内閣が責任を負うことになっています。これは、国事行為が内閣の助言と承認によって行われるものであるのだから当然といえば当然でしょう。したがって、天皇は結局、実質的な政治的権限を持ってはおらず、政治的責任を負うこともありません。

5 謝罪要求なんてできるの？

話は最初に戻ります。

李明博大統領が行った謝罪要求ですが、できるかどうかでいうと、要求するだけならいくらでもできるでしょう。実際に李明博大統領が行っているとおり、事実としてされてしまっています。

しかし、では実際に天皇がそのような謝罪をすべき地位にあるかというと、多分に疑問です。日本国憲法のもとでは政治的権限を一切持っていない天皇が、日韓関係の政治問題に発展する行為を自分自身の判断で行うことができるかというと、それは否定されます。

韓国の国家元首である大統領が、本当に政治的な責任として議論をしたいのであれば、実際に政治的権限と責任を負っている日本政府の代表、内閣総理大臣との間でそのような議論をすべきであり（それも誠実に）、天皇に対して公のパフォーマンスがごとくこれを要求するのはお門違いです。

そして、前述のとおり、お門違いどころか、これは失言です。日本国憲法のもとでの政治制度を理解していないということだけではなく、日本国民にとっての天皇という存在を見誤っています。戦争責任や過去の歴史に対する議論は、韓国大統領として当然引けないところもあると思いますが、その相手とアプローチする方法を間違ってはむしろ一気に議論が後退してしまうでしょう。

本章では、改めて日本における「天皇」という存在を考えてみました。日韓関係というコンテクストにおいて、韓国では、やはり「天皇」という存在は非常にネガティブに捉えられることが少なくないように感じられます。しかし、昭和天皇は戦犯者が祀られていることから靖国神社への親拝を控えられたり（P122参照）、今上天皇は式典における「おことば」などで常に過去の歴史を見つめられたりしています。それらの是非はさておき、象徴としての重責を果たしている天皇の存在と行為を、日本人のみならず、韓国人もしっかりと認識し、受け止める必要があるとひしひしと感じる次第です。

まとめ

▼天皇は、日本国憲法において「日本国の象徴」としての地位にあります。これは、明治憲法のもとで「現人神」として神聖不可侵な存在とされていたことと対照的です。

▼天皇が行うことができる行為は、すべて憲法に定められています。天皇は実質的な政治的権限を持ってはおらず、したがって政治的責任を負うこともありません。

▼李明博前韓国大統領は、天皇に対して謝罪要求なるものを行いましたが、これは日本の統治システムにおいて天皇が政治的責任を負わない象徴であるということを理解した行為なのか非常に疑問です。

column

自由に海外に行って戻って来る権利？

皆さん、日本に住む外国人は、海外へ旅行する際、戻ってくるための「再入国許可」というものを法務省から取得する必要があることをご存知ですか？　日本人の場合、パスポートさえあれば、自由に海外へ旅行し、また日本に帰ってくることができますよね。実は外国人はそうはいきません。日本に再び入国するための日本政府の許可が必要なんです。面倒くさそうでしょ？

ですが、これは別に外国人に面倒な手続を負わせているわけではないんです。そもそも、日本国籍を持っていない外国人は、日本に入国する際、きちんとした在留資格があるのかをチェックされます（「入国管理」といわれます）。しかし、日本に住んでいる外国人が、旅行や出張のために一時的に海外に行って戻ってくる際にも、いちいち入国管理局が査証（ビザ）などを確認するのは、お互い非常に面倒です。そこで、日本へ帰ってきた際にその手続をシンプルに簡略化することができるように、「再入国許可」という制度を設けたのです。

問題は、ほとんど日本人と変わらない生活実態を持っている特別永住者や永住者も、何度もこの「再入国許可」を取りに行かないといけないのかということです。つまり、「再入国の自由」という自由・権利を定住外国人や永住外国人（特別永住者も含む）も持っているかがここでの議論になります。

特に日韓問題としてこれが語られることが多いのは、在特会の方々が特に言及されていることとして、特別永住者は他の外国人よりも長い期間「再入国許可」を受けることができ、また、入国審査も日本人と同じ場所に並ぶだけで済むため、これも「特権」ではないのかといわれます。そういった中で、非常に誤解されがちな「再入国制度」について考えてみたいと思います。

当然のことながら、日本人は日本という国に再入国することを制限されません。ですので、国の機関である入国管理局が日本人の日本国への再入国を不当に拒否した場合、その人は国に対して憲法違反を争うことができます。

では、同じように、外国人（ここでは特に生活の本拠が日本にある永住外国人を念頭に置きたいと思います）が日本に戻ってくる場合に、入国管理局から理由もなく（つまり「外国人であるから」という理由で）再入国を許可されなかった場合、憲法違反であるとして国の不許可処分を争うことができるのかが問題になるのです。

実は、最高裁判所はすでにこの問題に対する判決を出していて、答えはＮｏでした。[1]最高裁判所のいい方を借りると、「我が国に在留する外国人は、憲法上、外国へ一時旅行する自由を保障されているものでない」ことは明らかであり、「外国人の再入国の自由は、憲法22条により保障されるものではない」としています。

結局のところ、すこし面倒くさくても、永住外国人であっても、日本人とは違うので、日本に出たり入ったりするのを自由に行う権利は憲法で認められていないということです。もっとも、現在のところ、2012年7月に新しい制度が導入され、一度再入国許可を取れば、有効期間の上限を5年（特別永住者の場合は6年）として再入国が許可されるようになっています。また、1年以内に日本に帰ってくる場合には（特別永住者の場合は2年）、その意思を出国時に伝えるだけで、わざわざこの再入国許可を取らなくてもよいようになりました。

確かに、日本人と同じく、生活実態が日本にあって、必ず日本に戻ってくることがほぼわかっているので、正直なところ、毎度毎度、再入国許可を取りに行くのって辛いなぁと思うこともありました。僕自身も、旅が好きですので何度も海外へ行っているのですが、再入国許可の期間が過ぎていることに空港で気付き、その場で入国管理局に連絡してもらって1度限り発行の再入国許可を出してもらったことがあります（この手数料がまた高いんです……）。ただ、他の外国人と違い、入国手続がかなり楽なので、すごく楽をさせてもらっているような気分でもあります。しかも新しい制度のもとでは、もうわざわざ再入国許可を取りに行く必要もありません。もちろん、出入国というのは国境を越えるわけですから、政府としても安全のための手続を念入りにする必要があり、そのような必要性と実質的な利便性とのバランスで成り立っている制度なのだと考えます。

修学旅行で日本へ帰ってくるときに、みんなと違うところに並ぶ必要のない日本のこのシステムがとても嬉しかったことを今も覚えています。たとえ憲法で保障されていなくても、たくさんの配慮を政府がしてくれていることを考える一つの例だと思います（それは生活保護受給の話とも一致していますね）。

最後に、「特権」について少し述べようと思います。やはり特別永住者とそれ以外の外国人では、入国審査の場合の扱いが異なっています。特別永住者は再入国許可以外では日本人と何ら変わりのない扱いを受けていますが、他方で一般の外国人は顔写真撮影や指紋採取を要求されます。さて、そもそもなぜ顔写真の撮影や指紋採取が要求されるかというと、入国管理局は「テロの未然防止のため」と述べています。なるほど、確かに安全保障上必要な措置です。そのような必要性が認められる一方で、この手続は非常に煩雑なうえ、そもそも個々人の個人情報を国家が採取するという点で危険な行為でもあるでしょう。どちらの考慮事項も勘案し、どの外国人からこの手続を要求するかという点について、日本国政府は特別永住者とそれ以外の方々の間に線引きをしました。

ですので、このような文脈で見ると、特別永住者に与えた「特権」というよりは、制度上どこで線引きをするかの問題であって、結果的に生まれた「便宜」という視点が正しい捉え方ではないかと思われます。

注釈

1　最大判（森川キャサリーン事件）

第5章

学校で教育を受ける権利って日本人だけにあるの？

人権とは、人間として当然に認められる権利であり、外国人に対しても選挙権など性質上日本国民のみを対象とする権利を除いて認められています。では、「教育を受ける権利」についてはどうでしょうか。さらに踏み込んで「無償」教育についてはどうでしょうか。

日韓関係では、特に「朝鮮高校無償化問題」がクローズアップされます。朝鮮高校での教育を無償化しないということは憲法に反しないのか。特にこの点に関しては、日朝関係ともいわれることが多いですが、民族学校の日本における教育という視点も含め、広い意味での「日韓関係」として捉えたいと思います。

この章に出てくる憲法の条文

第26条（教育を受ける権利）
第一項　すべて国民は、法律の定めるところにより、その能力に応じて、ひとしく教育を受ける権利を有する。

第14条（法の下の平等）
第一項　すべて国民は、法の下に平等であって、人種、信条、性別、社会的身分又は門地により、政治的、経済的又は社会的関係において、差別されない。

1 朝鮮高校無償化問題って知っていますか？

1・1 朝鮮高校が無償化の対象にならない

皆さんは、2010年から始まったいわゆる「高校無償化」制度をご存知ですか？　5年前の民主党政権下で始まった制度で、当時は大きなニュースになりました。高校における授業料を実質無償化することで、子どもたちが家庭の金銭的理由のために望む高校へ通うことができないという事態をなくすための制度です。

本章では、この「高校無償化」について、大きな議論を呼んでいる「朝鮮高校の無償化問題」を考えてみたいと思います。実は、高校無償化が始まって5年が経った現在においても、朝鮮高校においてはこの制度が適用されておらず、その是非が強く問われています。しかも、韓国人学校や台湾系の学校は実際には無償化の対象になっていて、なぜ朝鮮高校だけが無償化の対象外とされてしまっているのか。事は単純ではありません。

ところで、なぜ本書が「朝鮮高校の無償化問題」を日韓問題として捉えているのかということも少しお話ししたいと思います。読者の皆さんの中には、朝鮮高校の問題は、北朝鮮と日本という国の問題だと思う方もいらっしゃるかもしれませんが、実際、朝鮮高校に通う子どもたちの圧倒的多数は韓国籍です。よく誤解されてしまうのですが、朝鮮学校に行く子たちはみんな北朝鮮にルーツを持った北朝鮮籍の子どもたちだというのは大きな誤解です。そもそも、「北朝鮮籍」の子どもは存在しません。

「はじめに」でも述べましたが、現在、朝鮮半島には大韓民国（韓国）と朝鮮民主主義人民共和国（北朝鮮）という2つの国家がありますが、現状の外国人登録制度上では、国籍表示については「韓国」と「朝鮮」という2つの表記が存在しています（「北朝鮮」という表記はありません）。したがって、在日韓国人・朝鮮人、在日コリアンと言われる子どもたちはそのどちらかの国籍を持っていることになります。

また、朝鮮籍を持っているから北朝鮮にルーツがあるというわけではなく、北朝鮮に親和的な感情を持っているというわけではありません。もちろん、韓国籍を持っているからといって韓国にルーツがあるというわけでもなく、どちらの国に肯定的な感情を持っているかということが一概に決まるわけではありません。むしろどちらも支持しないという方もいます。

このように、「朝鮮高校の無償化」といっても、北朝鮮と日本の関係というわけではありません。もちろん、その側面もありますが、別の側面では、渦中の当事者の子どもたちや保護者にはルーツを同じくする方がたくさんいらっしゃり、広い意味での日韓問題ということができるでしょう。

それでは、いよいよ本題に入っていきたいと思います。

なぜ朝鮮高校にはこの無償化制度が適用されていないのでしょうか。この制度が朝鮮高校に適用されないことは憲法の視点から見て妥当なのでしょうか(許されるのでしょうか)。この議論が、単なる感情論の問題にならないように、まっすぐに見つめていきたいと思います。

1・2 「高校無償化」制度ってそもそも何？

「高校無償化」制度とは、正式には「高校授業料無償化・就学支援金支給制度」と呼ばれます。高校無償化法[1]に基づいて実施されているものでして、公立高等学校などの授業料を無償化し、私立高等学校などに就学支援金を支給して授業料を低減することを目的とした制度です。

この制度は、国が学校設置者[2]に対して、学生の数に応じ、授業料の全部または一部相当額を支給することで実質的に授業料が「無償化」されるというものです。そして、国公立高校の場合は授業料相当額が、私立高校や高専などの場合は保護者の所得によって国公立高校授業料の2倍の額までが国から学校設置者に支給されることになっています。ここは少し注意してほしいのですが、国公立学校と私立学校では支給額等で対応が異なっています。

ところで、この制度の対象となる「高校」とはどういった学校を指すのでしょうか？この対象校にあてはまるかどうかで、無償化が適用されるかどうかが決まるのですが、「高校」と名前がついているかどうかで判断するのでしょうか？

実はこれは法律でしっかりと定義が置かれています。

高校無償化法

第2条　この法律において「高等学校等」とは、次に掲げるものをいう。
1号　高等学校（専攻科及び別科を除く。以下同じ。）
2号　中等教育学校の後期課程（専攻科及び別科を除く。次条第三項及び第五条第三項において同じ。）
3号　特別支援学校の高等部
4号　高等専門学校（第一学年から第三学年までに限る。）
5号　[3]専修学校及び各種学校

一般的な国公立・私立高校であれば、1号にある「高等学校」や2〜4号にあるそれぞれの学校にあてはまるので、この制度によって支援金の支給を受け取ることができます。

しかし、朝鮮高校はこの1号のいう「高等学校」やそれ以外の2〜4号の学校にはあてはまりません。少し細かい話になってしまうのですが、高校無償化法2条1号〜4号に定められている高等学校等は、「学校教育」について一般的なルールを定めた学校教育法1条に定められる「学校」を意味し（いわゆる「1条校」といわれます）、文科省が定める学習指導要領に沿ったカリキュラムを実施している学校を指します。朝鮮高校は、民族教育を行うために、朝鮮語や現代史（朝鮮史）の授業をカリキュラムへ導入するべく、この学習指導要領とは異なるカリキュラムを用いています。したがって、学校教育法1条の「高等学校」にはあてはまらず、高校無償化法2条1号の「高等学校」や2～4号の学校にもあてはまりません。

　では、もし仮に無償化の対象となるとすれば、どの類型の学校にあてはまるのかというと、高校無償化法2条5号にある「各種学校」にあたると主張されています。学校教育法においては、朝鮮高校は確かに「各種学校」にあてはまるとされていますが、実は予備校や自動車学校も「各種学校」（学校教育法）にあてはまるとされています。もちろん自動車学校などの授業料が無償化されるかというとそんなことはありませんよね。高校無償化法2条5号はきちんとそのための制限をかけていまして、「各種学校」の中でも、「高等学校の課程に類する課程を置くものとして文部科学省令で定めるもの」が無償化の対象となります。予備校や自動車学校などは高等学校の課程に類する課程を置いている教育施設ではないため、無償化の対象からは除外されており、逆に朝鮮高校はこの課程を置いている教育施設であるため無償化の対象となるべきであると主張されています。

　しかし、2010年にこの制度が閣議決定された際には対象とされていた朝鮮高校については、その後2013年に「文部科学省令」（「高等学校の課程に類する課程を置くものとして文部科学省令で定めるもの」にある「文部科学省令」です）が変更され、「高等学校の課程に類する課程」では無いと判断され、授業料無償化の対象学校から除外されることになりました。

　無償化の対象となる学校については、正確な理解が必要とされるため、少し詳しく踏み込んで制度の中身を見ました。では、なぜ学校教育法では「各種学校」として認められている朝鮮高校が、高校無償化法の適用対象となる「各種学校」とは認められないのでしょうか。

条文整理

▼学校教育法……「学校」についての定義を置いています。
1条1号：いわゆる「1条校」として、国公立／私立の学校を「学校」としています。
134条：1条以外の学校のうち、学校教育に類する教育を行うものを「各種学校」としています。

▼高校無償化法……授業料無償化の適用対象となる「学校」について定義を置いています。
2条1～4号：いわゆる「1条校」の高校が無償化の適用対象となることをいっています。
2条5号：各種学校のうち、「高等学校の課程に類する課程を置くものとして文部科学省令で定めるもの」が無償化の対象になるとされています。

1・3 朝鮮高校が無償化の対象にならない理由

さて、このように、現在の政府の立場としては、朝鮮高校については高校無償化の対象

図6－1

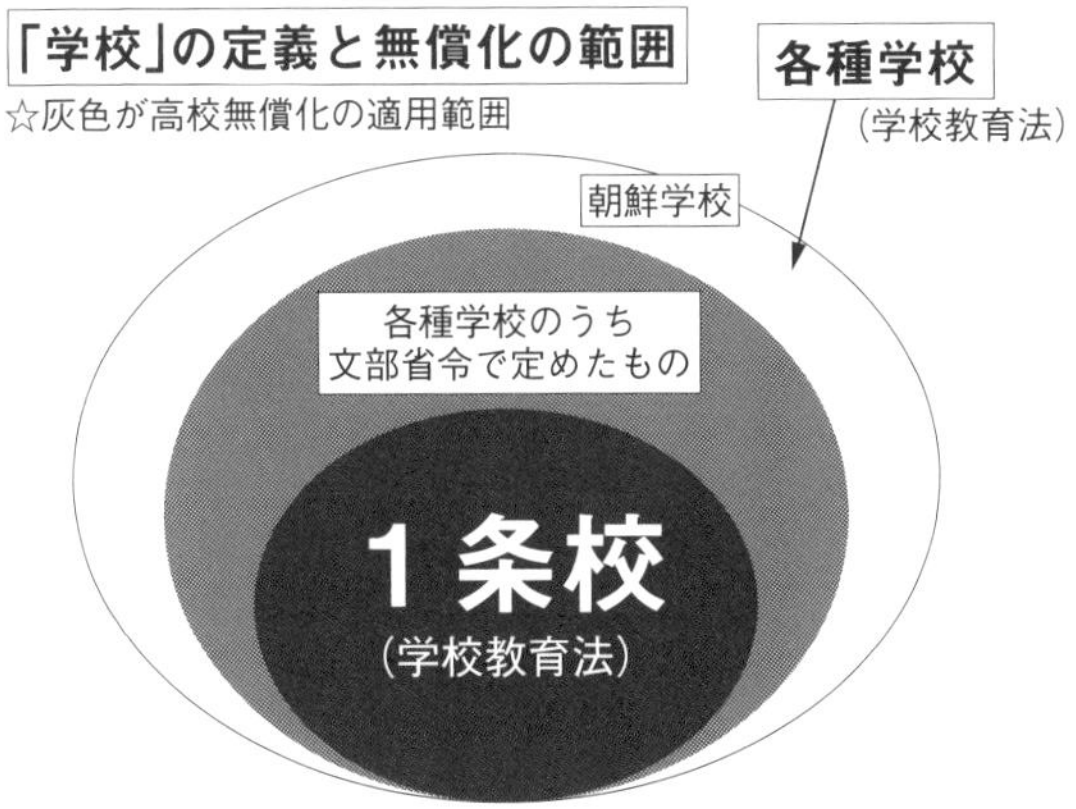

からは除外するというものですが、それはなぜなのでしょうか？

２０１３年２月19日、下村博文文部科学大臣は、朝鮮高校が無償化の対象にならないとする文部科学省令の改正を発表し、その記者会見において「朝鮮学校は[4]在日本朝鮮人総連合会（朝鮮総連）の影響下にある」と述べました。２０１２年末、文部科学省としては、「日本人拉致問題が進展していないこと」を理由に、朝鮮高校を無償化の対象から外す方針を表明しており、下村大臣の記者会見はそれを政府として決定したことを明らかにしたものです。

もっとも、朝鮮高校が無償化の対象にならない場合の理由として挙げられるのはこれだけではありません。ざっと一覧にしてみました。その趣旨は、実際にしっかりと議論するべき本質的な論拠がどれであるかを見つめなおすことです。

朝鮮高校が無償化の対象にならないとしたときに考えられる理由

①外国人と日本人の扱いが違うのは当然である
②無償化の対象になりたいなら日本の学校に入ればよい
③無償化の対象となる民族教育を受けたいのであれば韓国学校に入ればよい
④日本人の税金で外国人学校を支援する必要はない
⑤北朝鮮とは国交がなく、北朝鮮・朝鮮総連との関係を持つ朝鮮高校へは支援すべきではない
⑥反日教育を行う学校を支援すべきではない
⑦朝鮮学校は学習指導要領にしたがった教育をしていない（金日成・金正日の肖像画を掲げる、異なる歴史認識を教えている、拉致問題について教えていないなど）
⑧朝鮮学校は教育基本法に違反している
⑨朝鮮学校側も努力すべき
⑩日本の財源を考えると、日本人学校以外の高校まで無償化する余裕はない

1・4 何が問題なのか

10の理由を挙げてみましたが、これらは独立しているように見えて、実は相互に関係しているものがあり、また、憲法的視点からは、いくつかの基本的人権を横断する問題に整理することができます。

結論から述べると、①日本人や他の外国人とは異なる扱いを受けることによって朝鮮人の子どもたちが憲法14条にいう「法の下の平等」に反した扱いを受けているという視点と、②憲法26条1項が保障する「教育を受ける権利」との関係で、朝鮮高校で勉強する子どもたちの「教育を受ける権利」が侵害されていないかという視点の2つが重要です。

朝鮮高校を無償化の対象とすることには上述のようにたくさんの反対理由がありますが、それは日本国憲法が保障する2つの基本的人権を侵害しないのか、詳しく見ていきましょう。

2 法の下の平等

まずは、「法の下の平等」すなわち平等権についてです。
憲法14条を見てみましょう。

第14条（法の下の平等）
1項　すべて国民は、法の下に平等であって、人種、信条、性別、社会的身分又は門地により、政治的、経済的又は社会的関係において、差別されない。

憲法14条は、すべての国民が、法の下に平等に扱われ、差別されないということを定めています。もちろん、ここでいう「国民」とは、日本国民のみならず、すべての人を指しています。

ここで少し注意してほしいのですが、憲法において「国民」と定められていても、解釈においてそれが「日本国民」を指すときもあれば、外国人も含めた「人」を指すこともあります。日本国憲法で保障された権利や自由が外国人にも認められるのかというと、明確に最高裁判所が答えを述べていて、「基本的人権の保障は、権利の性質上日本国民のみをその対象としていると解されるものを除き、わが国に在留する外国人に対しても等しく及ぶもの」とされています。「権利の性質上日本国民のみを対象としている」のは、たとえば選挙権ですね。

本論に戻りましょう。つまり、朝鮮高校で学ぶ子どもたちにも基本的人権は及んでいて、「日本国政府から他の子どもたち（一般の高校に通う生徒や他の外国人学校で学ぶ生徒）と平等な扱いを受ける／差別されない」権利があります。

この時点で、まず①「外国人と日本人の扱いが違うのは当然である」という理由がおかしいことは分かるかと思います。外国人が日本人と異なる扱いがなされるのは「当然」ではなく、正確には「権利によっては外国人と日本人の扱いが違うのは当然の場合もある」のです。すべてのケースで「当然」に外国人と日本人の人権が異なるわけではなく、異なる取り扱いが許される権利があり、その場合はなぜ許されるのかという理由を考えなくてはなりません。ここから先は、それを考えるための論考です。

さて、理由④を見てみましょう。「日本人の税金で外国人学校を支援する必要はない」というのは非常によく耳にする理由なのですが、日本人の税金で外国人学校を支援する必要がないというのは本当でしょうか。もう少し具体的に考えてみると、今回の高校無償化の対象にはたくさんの韓国系や台湾系の外国人学校が入っています。つまり、特定の外国人学校に対して日本の税金を使う意義を認めて政府は支援しているということになります。となると、同じ外国人学校であっても、無償化の対象になっているものとなっていないものがあり、ここではその差＝不平等が本当に正しいものなのかを見ていく必要があります。

ここで注意すべき点として、いま問題となっているのは、「韓国人、朝鮮人も日本で税金を払っているのだから、その税金は日本人だけではなく韓国人や朝鮮人にも使われないといけない」ということではありません。税金を支払うというのは、その国で行政サービス全般を受けるために行う義務的行為であり、しかしその税金が何に使われるのかは民主主義のもと、国会が決定します。そこを争いたいわけではなく、「税金を使う際に、同じ『在日外国人』グループに属しているのに、そのグループ内で属性ごとに異なる扱いをするのなら、正当な理由が必要ですよ」ということです。

先ほども申し上げたとおり、不平等な取り扱いがいきなり憲法違反というわけではなく、その異なる取り扱いが本当に妥当なのかという視点を持って見ていかないといけません。

3 教育を受ける権利

次に、教育を受ける権利について、考えてみましょう。

憲法26条1項を見てください。

> 第26条（教育を受ける権利）
> 1項　すべて国民は、法律の定めるところにより、その能力に応じて、ひとしく教育を受ける権利を有する。

主語が「国民」になっている点に注意しなければなりませんが、すべて国民は、ひとしく教育を受ける権利を有していることを憲法は保障しています。では、「教育を受ける権利」というものが具体的にはどういったものかを考えてみたいと思います。

教育を受ける権利は、2つの性格があるとされています。一つが「国家に対して請求していける権利」であり、もう一つが「国家から自由な権利」です。難しい言葉では、前者を社会権的性格、後者を自由権的性格といったりしますが、ここで覚えていただきたいのは難しい用語そのものではなく、「教育を受ける権利」が憲法上保障されているということの2つの意味です。

そもそも、将来を担うべき子どもの教育のためには適切な教育制度と施設が必須であり、高校無償化については、子どもが財政的な理由から受けるべき教育を変えざるを得ないという状態を回避するための「適切な教育制度」の構築であるといえます。

同時に、国民は、自己の選択するところにしたがって教育を受けることにつき、原則として公権力の規制を受けないという自由を持っています。つまり親は子どもの教育についてどういった教育を施すかに決定の自由を有していて、だからこそ朝鮮高校に子どもたちを行かせる自由も持っています。

しかし、問題は、憲法26条1項の主語が「すべて国民は」となっている点です。

考え方は2つでしょう。

一つは、教育を受ける権利というものが、やはり国家によって設計される教育システムのもとで保障されるものであるから、権利の主体は「日本国民」のみに限定されてしまうという考え方。

もう一つは、「教育を受ける権利」は、子どもが人格・思想の形成を行っていき、健全に成長していく中で必要不可欠なものであり、国籍によってその必要性が異なることはない以上、その性質上すべての人に認められるべき性質の権利である。したがって、憲法26条1項にいう教育を受ける権利主体としての「すべて国民」とは、国籍の如何を問わず、「すべての人」を意味すると考える意見です。

後者のように考えた場合、日本政府が上記の理由のうち、②「無償化の対象になりたいなら日本の学校に入ればよい」や、③「民族教育を受けたいのであれば韓国学校に入ればよい」という理由をもって朝鮮高校を高校無償化の対象から外した場合、朝鮮人の方々は、「教育を受ける権利」への侵害であるということが可能になります。すなわち、彼らもどこでどのような教育を受けるかという点で自由を有しており、それに対して強制的に教育の幅を狭めることはできないということです。もしそれがなされた場合、それは日本国政府による教育への不当な介入となってしまう可能性はあるでしょう。

同じように、⑤、⑥、⑦の理由を考えてみましょう。これらも教育を受ける権利との間で問題となります。

まず、⑤「北朝鮮とは国交がなく、北朝鮮・朝鮮総連との関係を持つ朝鮮高校へは支援すべきではない」についてです。国交がない国の教育をしている学校としては、他に台湾系の[5]中華学校がありますが、これらの国は無償化の対象になっています。にもかかわらず、朝鮮高校を無償化の対象外としているのは、国交を樹立できていないそもそもの理由にあると考えられます。つまり、拉致問題やミサイル発射事件など、日本と北朝鮮をめぐる重大な政治的問題が残っているため、非常に政治的な理由で、その国の教育には支援ができないという日本国政府の立場が今の「無償化対象外」ということでしょう[6]。そして、政治的感情が絡んでくるため、⑥「反日教育を行う学校を支援すべきではない」のような意見が出たりして、それがより論理的な理由として高められるのが⑦になります。

⑥については、そもそも、反日教育が何なのかという定義の問題にもなりますが、もちろん「日本を嫌いになりなさい」という教育はなされません。むしろ、異なる歴史認識のもとでの近現代史の授業が行われたりすることを指しているのかと思われます。しかしながら、「異なる歴史認識を教えていたり、国交を樹立していない北朝鮮の歴史、文化、言葉を教える」ということを理由に教育費支援をしないというのは、国として、一定の思想

を排除するための施策となってしまいます。これだけを理由に高校無償化の対象外にするというのは問題でしょう。

もっとも、これがよりロジカルに洗練されたのが、⑦「朝鮮学校は学習指導要領にしたがった教育をしていない」です。つまり、文部科学省令の定める学習指導要領に沿ったカリキュラムが行われていないため、国として支援する対象にはできないというものです。そのようなカリキュラムを持っていない学校を無償化の除外対象にするということが教育を受ける権利を侵害しているのかどうかは、非常に微妙なところだと感じています。確かに、教育を受ける権利というのは、最高裁判所もいっているように、「一個の人間として、また、一市民として、成長、発達し、自己の人格を完成、実現をするために必要な学習をする固有の権利」なのですが、やはりこれが認められているのは「国民」に対してであり、外国人にまったく同程度で権利が保障されているのかどうかは疑問の余地があります。つまり、先ほど、考え方として「教育を受ける権利」は（国籍にかかわりなく）「すべての人」が主体となるという考え方があり得るということを述べましたが、日本の教育システムや内容を決めているのは日本国政府であり、一定のレベルでその国が求める教育があるのは仕方がありません。これは思想的にではなく、一般的な科目などの話です。

ここで注意してほしいのは、朝鮮高校において教育を続けることを日本国が否定しているわけではないということです。学校を閉めなさいといっているわけでもない。もちろん、ほぼすべての高校が無償化の対象になっているため、それを基準に判断すると、朝鮮高校の教育内容が否定されているようにも感じられますが、むしろ学習指導要領に従ったカリキュラムにすれば認められるということもありえるという点で、否定しているわけではないとも考えられます。

⑦の理由を少し理解できるのは、私自身が中学生のころ、大阪にある韓国人学校に通っており、その学校は無償化の対象になっているからです。この学校も韓国・朝鮮語の授業は週3時間以上あり、韓国の地理や歴史を学ぶ授業も取り入れられ、韓国・朝鮮語、韓国文化・歴史を学ぶカリキュラムになっています。民族教育を行っているといってよいでしょう。もっとも、学校教育法で定められた「1条校」として認可を受けており、普段の授業においては日本の検定教科書が使用されていますし、授業も基本的には日本語で行われています。文科省が定める一般の学校のカリキュラムをこなしつつ、民族教育を行うため、やはり学校の先生も大変な苦労をしていますが、同時にきちんと民族教育を行っている自負があります。

「民族教育とは何か」という議論の中身にまで立ち入ると本1冊が生まれるほどのものでしょうが、実際にこの学び舎で学んで感じたのは、私自身、在日韓国人として民族教育を受けることができたということです。そこでは、別に日本を否定するわけでもなく、卑下することもありません。そもそも、クラスの1~2割は日本人学生です。実は、朝鮮学校に通ったあと、この学校に来た子もいます。「竹島」という子もいれば、「独島」という子もいました。韓国の教科書を使った韓国史の授業もあれば、日本の教科書を使った日本史の授業もありました。
日本の文部科学省が定める学習指導要領を踏まえ、さらに追加的に民族教育をすることはできます。日本人の生徒たちの中には、そこで触れた「韓国語」や「韓国文化」というものに魅力を感じ、韓国の大学に留学する子もいました。日本で生きていく在日韓国人・朝鮮人にとって、一つのあるべき民族教育の姿であると考えます。

さて、ここでは、教育を受ける権利にかかわる意見を見てきましたが、最後に出てきた「学習指導要項に従っていないから対象外」では、非常に難しい議論になるでしょう。民族教育を否定しているわけではなく、文部科学省が求める最低ラインの教育内容を行うことはできるのではないかという意見が根強く、また説得的であるため、これが本当に教育を受ける権利を侵害しているかというのは、両論ありうるところだと考えます。もっとも、先ほど台湾系の中華学校についても無償化対象になっていると別の文脈でお話ししましたが、この学校も学習指導要領には準拠していないものの、無償化の対象にはなっています。仮に、「文部科学省が求める最低ラインの教育内容を行うことはできるのではないか」という主張によった場合、中華学校についても無償化をすべきではないことになるはずで、この両者の扱いの不平等をどのように説明するのかは大変難しいでしょう。

4 巷に溢れる感情論はやめて

ここまで、平等権と教育を受ける権利の視点から、様々な理由を整理してきました。きちんと論理的に考えれば、感情論は落ち着いてくるのですが、やはり政治的にこれだけ負の感情が表に出てきてしまう以上、感情論に基づく反対派が出てくるのも致し方ないのかもしれません。

本書は、どちらの立場に立って話すというよりも、むしろ、どこが本質的な理由で、どのような歩み寄りが必要かという視点で考えたいと思い、書き進めてきました。

最後に、まだ見ていない議論を取り上げたいと思います。

まずは極端な理由として⑩「そもそも日本の財源を考えると、日本人学校以外の高校無償化に反対だ」があります。これは理論としては非常に筋が通っていて、政治的な理由ではなく、単純に財政赤字の視点から、まずは日本人学校への支援に回すというものです。教育を受ける権利が「国家がシステムを整備して生まれる権利」である以上、理論的には筋が通っていると思われます。もっとも、現在このような視点で支援がなされていないということもありません。日本国政府はそのような短絡的な思考ではなく、日本に住む200万人を超える在留外国人の教育を考えており、このような理由をもって日本人学校だけに支援するということはしていません。

次に、⑨「朝鮮学校側も努力すべき」という主張について。新聞の論調などでも「朝鮮高校側も努力すべき」という意見が出たりしています。しかし、努力をしていないというわけではありません。文部科学省の視察もきちんと受け入れていますし、授業の公開もして、広く理解を得ようと努力しています。それでも無償化が認められない本質は、「努力不足」ではないはずです（もっとも、カリキュラムの変更など、朝鮮高校側が譲れない部分を「努力不足」と表現するのであれば、それは努力が足りないといえるのかもしれませんが、これについては努力でなんとかなるものではないイデオロギーの部分だと思いますので、やはり「努力不足」という一言では済まないと考えます）。

⑧「朝鮮学校は教育基本法に違反している」もよくいわれる理由なのですが、その中身をしっかりと確認しなければなりません。よくある主張として、朝鮮学校は教育基本法第14条第2項「法律に定める学校は、特定の政党を支持し、又はこれに反対するための政治教育その他政治的活動をしてはならない」に反する学校であるため、支援されるべきではないということが言われます。しかし、朝鮮学校は「各種学校」に該当し、学校教育法上の「学校」ではないから、教育基本法14条2項の適用を受けないとされていますので、単純に法律的な解釈として誤りです。本件朝鮮学校が政治教育その他の政治的活動をすることは教育基本法上は許容されています。もっとも、教育基本法14条2項の趣旨は、教育の中に偏った政治的主張が介入し子どもたちに刷り込まれてしまうことを避ける点にあり、

そのような教育をする学校へは公的には支援できない（学校施設として教育の実施を認めたとしても）という態度はありえるでしょう。個人的にはこの理由は納得できるのではないかと考えています。

5 本質的な対立点を常に探し続けねばなりません

高校無償化をめぐっては、朝鮮高校側も努力し、理解を得ようとしていますが、やはり重大な政治問題をめぐって感情論が支配してしまうことが多いのが現状です。高校無償化の対象とすることに賛成の方と反対の方が平行線の議論をするのではなく、どうすればお互いの譲歩が進み、解決がなされるのかという視点で話さなければなりません。本書の提案としては、⑦や⑧の視点が対立として本質的なところであり、この部分で両者の歩み寄りが必要であると考えます。

ところで、「高等学校等就学支援金の支給に関する検討会議」というものがあり、これは文部科学省が朝鮮高校の無償化について検討するために設けた会議なのですが、その報告書の末文には以下の様なものがありました。

「高等学校の課程に類する課程を置く外国人学校の指定については、外交上の配慮などにより判断すべきものではなく、教育上の観点から客観的に判断すべきものであるということが法案審議の過程で明らかとされた政府の統一見解であり、本報告においては、このことに留意しつつ、専門的な見地から、『高等学校の課程に類する課程』として満たすべき『基準』や『手続』、『高等学校の課程に類する課程』を審査する体制や方法等について、報告を行った。今後、文部科学大臣において、その権限と責任に基づき、基準等の決定、学校の指定が行われることを期待する」

高校の無償化については、外交上の配慮をするのではなく、教育上の観点から客観的に判断すべきものというのが政府の統一見解であるとしており、これはまさしくそのとおりだと考えています。しかし、その後の文部科学大臣らの発言、無償化対象外の理由などを見ていると、どうも北朝鮮との外交上の憂慮を中心に考えているように思えてならず、そこは政府として正しくない理由付けとなってしまっています。

より本質的に、教育とは何か、日本における民族教育の許容範囲はどこなのか、何をもってすれば無償化の対象になる教育といえるのか、そういった議論をしなければ、いつまで経ってもこの問題は平行線をたどるような気がしてなりません。

注釈

1　公立高等学校に係る授業料の不徴収及び高等学校等就学支援金の支給に関する法律

2　国立なら国、公立なら地方公共団体、私立なら学校法人

3　5号の正式な条文は、「専修学校及び各種学校（これらのうち高等学校の課程に類する課程を置くものとして文部科学省令で定めるものに限り、学校教育法（昭和二十二年法律第二十六号）第一条に規定する学校以外の教育施設で学校教育に類する教育を行うもののうち当該教育を行うにつき同法以外の法律に特別の規定があるものであって、高等学校の課程に類する課程を置くものとして文部科学省令で定めるもの（第四条及び第六条第一項において「特定教育施設」という。）を含む）」である。

4　在日朝鮮人の日本在留者団体のことを指します。北朝鮮とのつながりがあり、数名の幹部は北朝鮮の代議員（国会議員）を兼任していることから北朝鮮との種々の問題をめぐって常に注目される団体です。

5　横浜中華学院・東京中華学校・大阪中華学校

6　もっとも、2015年3月26日現在における文部科学省の調査によると、朝鮮総連による朝鮮高校への不当な支配が及んでいるかという点については、否定的な見解が公式に示されています。http://www.mext.go.jp/a_menu/shotou/mushouka/detail/1342909.htm

まとめ

▼朝鮮高校が高校無償化の対象になっていないことが、いわゆる朝鮮高校無償化問題として注目されていますが、これは「平等権」(憲法14条)や「教育を受ける権利」(憲法26条)の問題です。

▼平等権について考えると、朝鮮高校と日本人学校、あるいは韓国人学校や中華学校などを対比し、平等に扱われるべきなのか、あるいは朝鮮高校のみが無償化の対象になっていないことに正当な理由があるのかを考える必要があります。

▼教育を受ける権利との関係では、文科省の定める学習指導要領に従っていない朝鮮高校を無償化の対象とすべきかが問題となります。日本の税金から支援を行う以上、これは非常に重要な視点だと思われますが、同様に学習指導要領に従っていない中華学校は無償化の対象になっているため、両者の不平等を説明するのは難しいのではないでしょうか。

▼巷に溢れる感情論はやめ、本質にある「なぜ無償化の対象にならないのだろう、その理由は本当に正しいものなのだろうか」を追求しましょう。その際、同じような

立場のステークホルダーを比較するというのは有意義だと思います。

column

教育をする権利って誰にあるんだろう？ 歴史教育の内容は誰が決める？

1 歴史認識の乖離と教育の問題

1・1 個々人ですら異なる歴史認識

さて、今回は日韓のみならず、東アジア全体を巻き込む「歴史認識」と「歴史教育」のお話です。19世紀末から20世紀半ばまで、東アジアでは日韓併合や日中戦争、第二次世界大戦と激動の歴史がありました。その歴史についての「認識」をめぐって大きな対立が日韓（もちろん日中も）の間で先鋭化し、その「認識」に基づいた「教育」にも問題が生じています。

植民地化政策には、常に「光」と「闇」の両側面があります。植民地化というのは、先進する列強諸国が、未だ軍事力で敵わない国、地域、部族を従えていく図式ですから、技術力や経済力を大きく発展させる契機になることは確かです。これが「光」の側面です。しかし、同時に、本来そこにあった国や地域を否定していくわけですから、根付いた文化が否定されることもままあり、住民は大きな戸惑いと反発、ときには憎しみの感情を持つことになります。これが「闇」の側面です。

その文脈で語れば、日韓においては、日韓併合により、大きな経済発展や社会インフラの拡大、安定が実現したという「光」の側面があり、他方で、創氏改名や教育勅語の導入、神道の普及などの皇民化政策が行われたという、「闇」の側面もありました。

常に「光」と「闇」があり、歴史を語る上ではどちらにスポットライトを当てて話しているのかという視点を持つことが大切です。歴史は結局、後から見た結果論であり、「もし併合がなければ」という話に意義はありません。そうではなく、結果として何が行われ、何が残ったのかということを認識していく必要があるでしょう。

しかしながら、昨今、この歴史認識をめぐっては、非常に短絡的な思考停止が起きているように思えてなりません。「光」の側面にスポットライトを当て続ける人もいれば、「闇」の側面だけを強調しすぎる人もいて、前者は復古主義・歴史修正主義、後者は自虐史観と揶揄されてしまいます。

歴史というのは、結局「残っている事実」をどのように取捨選択するかで現れる「事実の一側面」です。ですから、「残っている事実」をどう捉えるか、どの事実を取捨選択するかでその認識はどんどんずれていき、歴史認識に乖離が生じてしまいます。

本書は、そのように様々な認識の中で「歴史」を誰がどのように教えるべきなのか、憲法の観点を交えて考えてみたいと思います。

1・2 誰が教育内容を決めるのか

いきなりですが、そもそも教育内容とは誰が決めるのかを考えてみたいと思います。ありえる回答は3つあるでしょう。誰よりも子どもに近い存在である親、次に子どもに近い存在である学校の教師、そして最後に国です。

教育とは、「子どもたちにとって最善の教育とはなにか」という観点から、その内容は決定されるべきことに間違いはありませんが、その「最善の教育とはなにか」を誰が決めるのかということに議論の余地はあるでしょう。

もしこれが学校の教師だったら、教師の裁量でそれぞれの教師が最善と考える教育が子どもたちになされることになりますし、これが国であれば、何が最善の教育かは国が決めるということになります。

実は「誰が教育内容を決めるのか」という問いには、最高裁判所が明確に判断を示してくれています。以下、最高裁判所の判断を少しずつ紐解いていきたいと思います。

子どもを教育する権利は誰に属するのか、という命題を考えるうえで、何よりも見なければいけない憲法の条文が26条です。これは、教育を受ける自由について定めたものでしたよね。

憲法26条（教育を受ける権利・教育の義務）

1項　すべて国民は、法律の定めるところにより、その能力に応じて、ひとしく教育を受ける権利を有する。

2項　すべて国民は、法律の定めるところにより、その保護する子女に普通教育を受けさせる義務を負ふ。義務教育は、これを無償とする。

子どもたちは等しく、教育を受ける権利があるということを26条1項は保障しています。そして、子どもたちの成長にとって、基礎的な教育は絶対的に必要ですから、親はそのような教育を子どもたちに受けさせる義務を負い、そのための費用は国が負担することを26条2項は定めています。

つまり、子どもたちが人格的に成長、発達していくうえで必要な教育について、整備する必要があり、逆に言えば、教育というのは大人が子どもに一方的・支配的に行う権利ではなく、子どもたちの「学習する権利」が第一にあり、それを充足するためにあることになります。

さて、では子どもたちが人格的に成長、発達していくうえで必要な教育について、誰が最も深い関心を持ち、かつ、配慮をすべき立場にあるかというと、当然親にあたります。したがって、まずは親が子どもの教育に対する一定の支配権を持っていることになります。もっとも、これは家庭教育などの学校外の教育、あるいはそもそもどの学校へ行くのかという学校選択の場面で認められるものです。

それ以外の場面、特に学校教育においては、社会公共的な問題について国民全体の意思を組織的に決定、実現する立場にある国が教育内容を決定する権限があると認められます。つまり、それは子どもたちの成長に対する社会公共の利益と関心に応えるためであり、子どもたち自身の利益のためであると説明されます。

最高裁判所の言い方をなるべくそのまま出したかったため、少し難しい言い方をしてしまいましたが、結局は、子どもたちにとって最適な教育が何かを決めるのは、私生活の場面ではそれはもちろん親でしょうということ、そして、学校教育の場面ではやはり国民全体で一定のカリキュラムを策定して、子どもたちの能力向上のための政策を進める国が教育内容を決めるべきでしょうということを言っています。

もちろん、最高裁判所はしっかりと釘を刺すことも忘れていません。政党政治のもとで多数決によって決められる政治上の意思決定のせいで教育内容が左右されてはならず、教育内容の決定に国家の介入はできるだけ抑制されなければならないとしています。たとえば、誤った知識や一方的な観念を子どもたちに植えつけるような内容の教育を施すことは許されません。

では、個々の学校の先生には、教育内容を決定する権利はあるのでしょうか。

もちろん、完全に自由ではありません。学校でどのような教育がなされるべきかの大枠は国が決定していますので、その枠外のものを行うことはできませんが、しかし、少し考えてみたら分かるように、実際授業では毎日たくさんの工夫があり、先生ごとに抽象的な大枠を具体化させる方法は様々です。その意味では、学校の先生にも個別に教育内容を決定する余地はあると考えられるでしょう。

2 歴史は国が定める

2・1 国とは誰か

以上、当然といえば当然ともいえるかもしれない結論でしたが、「教育内容を決めるのは誰なのか」ということについて、見てきました。

学校教育においては、まずは大枠を決める国が決定権を持っていて、たとえばそれは文部科学省が策定する学習指導要領もそうですし、教科書検定制度もそうでしょう。

もちろん、「国」といっても、内閣総理大臣や文部大臣が自分たちで決定しているわけではありません。文部科学省の職員さん、各自治体の教育委員会なども含めて、教育を専門とするたくさんの方々が「何が日本に住む子どもたちにとって最善のものか」ということを考えています。

2・2 日本だからできるのではないか

もっとも、「歴史」という教科になると、事はそう単純ではないでしょう。1＋1＝2というレベルのものではなく、ともすれば非常に政治的な議論に巻き込まれる可能性のあるものになってしまいます。

つまり、どの事実を教えるべきかということは常に取捨選択され、国家にとって最良の教育内容を定めることになるのですが、その場合は「闇」を隠してしまうおそれがあります。逆に、「光」を全く教えないということもこれは問題でしょう。

いま、日本と韓国の歴史認識が大きく異なっていますが、各国の教育内容としてどの事実をピックアップして教えるかで両国の乖離はどんどん大きくなっていく可能性があります。日本国内で歴史認識に大きな対立があるのと同じく、実は韓国でも歴史認識には対立があり、教科書の記述をどうするのかについても全く同じような論争が起きています。

そこで、提案されるのが「併記」の可能性です。つまり、歴史学者の中でも争いがあるもの、事実認定がはっきりしないものについては、どちらの理論、認識も併記していくというものです。

きっと韓国ではまだまだ国内での紛争が落ち着かず、この手法は採れないでしょう。しかし、私は、どちらの教育も受けたことのある身として、日本であれば可能かもしれないと感じています。何度も述べてきたとおり、「歴史」というのは事実をどう切り取ってどの側面から見ていくかということ。であるならば、その側面はなるべく多いほうが見えてくるものがより明確になるはずです。

ネット社会になって、小学生もネットでたくさんの情報に触れるようになりました。ウソも真実になってしまうようなネット社会のなかで、子どもたちのリテラシーを高めるためには、世の中に溢れる情報の中でも知っておくべき価値ある事実とは何なのかを伝えることも大きな責任だと考えます。

注釈

1最大判

第6章

生活保護を受ける権利って外国人にはないの？

第５章と同じく、国家の財政に関わる生活保護受給権は、当然に外国人に認められるわけではなく、憲法上も外国人には認められないとされています。しかし、同時に行政通達によると、永住外国人については日本人と同じ扱いにするようにとされており、司法権ではなく行政権による配慮がされています。

外国人の生活保護受給者の中でも、在日韓国人の数が最も多く、日本人からすれば「なぜ自分たちの血税が外国人の生活保護に使われているのか」という不平不満が出てくることも致し方ないような気もします。ここでは、永住権を持つ在日外国人（韓国人のみならずすべての在日外国人にあてはまります）が、どのような権利を有するのかを考えます。

この章に出てくる憲法の条文

第25条（生存権）
第一項　すべて国民は、健康で文化的な最低限度の生活を営む権利を有する

1 生活保護と外国人居住者の問題

1・1 生活保護をもらっている外国人ってどれくらいいるの?

さて、本章では、最高裁判所でもつい最近裁判が行われた「外国人が社会保障を受ける権利」について考えてみたいと思います。

近年、芸能人家族による生活保護受給などがメディアで取り上げられ、他にも生活保護の不正受給がメディアで特集されるなど、ここ数年で「生活保護」という言葉、ニュースを耳にする機会が格段に多くなりました。

外国人が生活保護を受給している実態に対して疑問が投げかけられることも少なくな

図7−1

年次	被保護実世帯数	非日本国籍実世帯数	割合	被保護実人員	非日本国籍実人員	割合	日本国籍実人員	割合
17(FY2005)	1 041 508	29 129	2.80%	1 475 838	46 953	3.18%	1428885	96.82%
18(FY2006)	1 075 820	30 174	2.80%	1 513 892	48 418	3.20%	1465474	96.80%
19(FY2007)	1 105 275	31 092	2.81%	1 543 321	49 839	3.23%	1493482	96.77%
20(FY2008)	1 148 766	32 156	2.80%	1 592 620	51 441	3.23%	1541179	96.77%
21(FY2009)	1 274 231	37 024	2.91%	1 763 572	60 956	3.46%	1702616	96.54%
22(FY2010)	1 410 049	41 681	2.96%	1 952 063	68 965	3.53%	1883098	96.47%
23(FY2011)	1 498 375	44 264	2.95%	2 067 244	73 030	3.53%	1994214	96.47%
24(FY2012)	1 558 510-	45 855	2.94%	2 135 708	74 736	3.50%	2060972	96.5%

（各年度１ヶ月平均）
※構成統計要覧（2014 度）第３編　社会福祉　第１章　生活保護｜厚生労働省

く、政治の世界では次世代の党の議員が外国人の生活保護受給への疑問を議会で質問するということもありました。

では、早速ですが、実際のところ、生活保護を受けている外国人がどれくらいいるのか、その割合はどれくらいのものなのかという数字を考えてみましょう。

現在、厚生労働省が出している最新の平成24年の統計によると、図7−1のように、外国人受給者は4万5855世帯、7万4736人が生活保護を受給していることがわかっています（各年度1ヶ月当たりの平均です）。これは、日本人を含めて生活保護を受給しているすべての世帯（155万8510世帯）の割合でいうと、約2・94%となります。つまり、生活保護を受けている人のうち、外国人の割合は3%ほどなのですが、これが不当なのではないかということが一部の方から指摘されています。

では、何が「不当」だといわれているのでしょうか。その理由をまとめてみました。

①外国人には生活保護を受ける権利がないため、生活保護を受けてはいけない
②外国人が生活保護を受けている割合が、日本人より多い
③生活保護を受けること自体が悪い

1・2　生活保護をもらうことって悪いこと？

③生活保護を受けること自体が悪いなどは論外な理由だと思うのですが、やはり昨今のネットメディアなどでは「生活保護受給」＝「悪」という印象を持っている方が少なからずいらっしゃるので、非常に危機感を抱いています。

生活保護というのは、国民が必要最低限の生活を営むために、その「最低限」に足りない部分を補うべく、国家が社会保障として支援するものです。社会的弱者を救済するための制度でありますが、救済される側の弱者が権利を公に主張することは憚れるため、生活保護受給＝悪という印象がついてしまっているように思われます。

また、「不正受給」という言葉が先走り、「生活保護をもらっている人はベンツを乗り回し」などという言説がネット上では飛び交ったりしていますが、実際の不正受給件数は1・8％に過ぎず、にもかかわらず生活保護を受けている方全体が悪者であるように語られてしまうのは大変残念です。

もちろん、不正受給は許されるべきではなく、是正のための制度改革は必要ですが、その際には、「きちんと支援されるべき人が支援される制度」の確立を考えるべきであり、「不正受給者をなくすために本来であれば必要であったものをなくす制度」は暴論です。

1・3 外国人が生活保護を受けている割合って？

②**外国人が生活保護を受けている割合が、日本人より多い**の指摘は、政治の世界では次世代の党を中心に、保守的な方々によって多く主張されています。

確かに、生活保護を受けている「韓国又は朝鮮」籍の世帯数は2万7035世帯で、日本に住む「韓国又は朝鮮」籍全世帯19万2446世帯のうち、14・2％が生活保護を受給していることになります。これに対して、日本人の被保護率を見てみると、生活保護を受けている世帯の数は、141万49世帯で、1・52%にすぎません。このように見ると、日本に住む韓国・朝鮮人は、日本人よりも多く生活保護を受給しているように感じるかと思います。

しかし、実はこの統計にはすごく巧妙なトリックが隠されています。というのも、割合を計算する「母体」が違うのです。日本に住む韓国・朝鮮人の中でどれだけの人が生活保護を受けているのかということと、日本人の中でどれだけの日本人が生活保護を受けているのかというのは、母体が違うのですから数字も異なり、その数字の意味は大きく異なります。上記の数字が意味するのは、「外国人（特に韓国・朝鮮人）が日本人よりも優遇されて生活保護を受けている」ということではなく、「日本人よりも外国人（特に韓国・朝鮮人）の方が、日本国において必要最低限の生活を営めない人が多い」ということでしょう。

本当に「外国人（特に韓国・朝鮮人）が日本人よりも優遇されて生活保護を受けている」のかどうかを比較したいのであれば、「生活保護を受けている全世帯のうち、日本人と外国人の割合はどうなのか」ということを考えるべきです。

これを計算してみると、2010年の統計によれば、全被保護世帯数に占める外国籍者を世帯主とする被保護世帯の割合は2・48%で、特に次世代の党が指摘する「韓国・朝鮮」籍者を世帯主とする被保護世帯の割合は1・68%です。他方で日本人世帯の被保護率は3・53%。

このように考えると、特に「外国人（特に韓国・朝鮮人）が日本人よりも優遇されて生活保護を受けている」ということはウソであることがわかります。

もちろん、「日本人よりも外国人（特に韓国・朝鮮人）の方が、日本国において必要最低限の生活を営めない人が多い」ということは数字が示しているところであり、その原因を追及して対応するべきということに異論はありません。しかし、いたずらに「外国人が怠け者」というのは的外れな指摘です。

となると、本質的に考えなければならないのは①**外国人には生活保護を受ける権利がないため、生活保護を受けてはいけない**の理由です。そもそも、外国人に生活保護を受ける権利などあるのか。これが本章で皆さんと一緒に考えたい本質的なお話です。

1・4 これって日韓だけの問題？

ここで、本論に入る前に、なぜ外国人一般に当てはまる「生活保護受給」に関する話題を本書で取り上げたのかを少しご説明したいと思います。

もう皆さんお気づきだと思いますが、生活保護を受給している「韓国・朝鮮」籍の方が他の国籍の方よりも多いという現実があり、社会的にも在日韓国人・朝鮮人の生活保護受給というものが取り上げられることが多いことがその理由です。そして、なぜそういう状況になっているかということにも歴史的な理由があり、なにも在日韓国人・朝鮮人の方が日本で怠惰な生活を送ってきたからというわけではありません。その点で、他国籍の方とは異なる事情があるというべきで、その点は本章の後半でお話ししたいと思います。

もっとも、「外国人が生活保護を受ける権利を持っているか」という一般的なお話は外国人一般に関係するものですので、「日韓問題」に限定されず、広い視野で考える必要があることを忘れないようにしましょう。

それでは、本論に入っていきたいと思います。

2 生活保護を受ける権利ってなに？

2・1 生活保護とは？

もうすでに少し触れていますが、「生活保護」というのはどういった制度なのでしょうか。何のためにあるものでしょうか？

その答えは、生活保護の根拠になっている法律にあります。

生活保護という制度は、そのままの名前で「生活保護法」という法律により定められているのですが、その第1条でこの制度の目的について述べられています。

> 生活保護法
> 第1条　この法律は、日本国憲法第25条に規定する理念に基き、国が生活に困窮するすべての国民に対し、その困窮の程度に応じ、必要な保護を行い、その最低限度の生活を保障するとともに、その自立を助長することを目的とする。

ここから読み取ることができるポイントは4つです。

①憲法25条の理念に基づいていること
②生活に困窮するすべての「国民」に対する制度であること
③国が、その最低限度の生活を保障し、また、その自立をサポートするための制度であること
④支援の内容は、それぞれの困窮具合によって、必要な保護をすることになる

このように、生活保護とは、生活に困っている貧しい国民がいた場合に、日本国がその国民の最低限度の生活を保障するために支援し、また彼らが自立できるようにサポートするための社会保障制度です。

そして、住んでいる土地や収入、家族構成などによって異なる支給金額を受け取ることができるほか、指定の医療機関で無料で医療扶助を受けられるといった支援を受けることができます。

問題は、法律が明確に生活保護は「国民」のための制度であると明記していることで、外国人には認められないのではないかということです。もしこれが許されないということであれば、現実に外国人が生活保護を受けている現状は大変問題であることになってしまいます。

この問題を考えるには、法律にも書いてあるとおり、この法律がもともと理念としている「憲法25条」を見る必要があり、そこから答えを導き出す必要があります。それでは、憲法25条を見てみましょう。

2・2 生活保護を受ける権利の性質とは?

憲法25条は次のような条文になっています。

> 第25条（生存権）
> 1項　すべて国民は、健康で文化的な最低限度の生活を営む権利を有する

このように、憲法25条で認められている「健康で文化的な最低限度の生活を営む権利」のことを「生存権」といいます。そして、「生存権」は、難しい言葉では「抽象的権利」といわれていて、憲法で定められているだけだとフワフワな抽象的な権利にすぎませんが、具体的な法律ができあがると、具体的な権利になるといわれています。

そして、現在の日本では、「生存権」を具体化するたくさんの社会保障法があり、日本の社会保障制度を支えています。簡単に類型化すると、①社会保険（年金など）、②公的扶助（生活保護）、③社会福祉（児童福祉など）、④公衆衛生（医療など）があります。

つまり、「生活保護を受けることができる権利」というのは、憲法25条で保障される生存権のひとつであり、生活保護法によって具体的な権利になっているということですね。

2・3 外国人も受けることができる権利？

そもそも外国人にも人権って及ぶの？

あれれ？　ところで、憲法25条にも「すべて国民は」という定義がされていますね。ということは、健康で文化的な最低限度の生活を営む権利というのはやはり日本人にしかないのでしょうか？

そもそも外国人に人権が及ぶのか、という話から改めてご説明したいと思います。人権というのは、そもそも「人が生まれながらにして持つ権利」であり、前国家的な権利（表現の自由など）がまずは概念化されました。しかし、生存権や選挙権などは、国家が存在し、国家が制度を構築して初めて認められる権利（後国家的権利）です。とすれば、その国家に帰属しているかどうかという点で、それぞれの権利を持つ主体が変わることは当然あるはずです。

そして、最高裁判所は以下のように述べています。

> 基本的人権の保障は、権利の性質上日本国民のみをその対象としていると解されるものを除き、わが国に在留する外国人に対しても等しく及ぶ

つまり、これを反対に解釈すると、権利の性質からして日本国民のみを対象としている権利は、外国人には保障されないということです。

生活保護受給権って外国人にも及ぶの？

では、「生活保護を受給する権利」は、権利の性質からして日本国民のみに認められるものなのでしょうか。

実は、本当につい最近、最高裁判所がある事件において判決を下しまして、この議論に決着がつきました。

事件の内容は、永住者の在留資格を有する外国人であるAさんが、生活保護法に基づく生活保護の申請をしたところ、大分市福祉事務所長から同申請を却下する処分を受けたとして、この却下処分は違法だと争ったものです。つまり、Aさんによれば、生活保護を受ける権利は外国人にも認められたものであり、保護の対象になるのであるから、これを却下した大分市は違法だという理由です。

最高裁判所は、要約すると以下のような理由で、Aさん敗訴の判決を出しました。

1946年に成立した旧生活保護法では、適用対象について『国民』であるか否かを区別していなかったのに対し、1950年に成立した現在の生活保護法では、適用の対象につき『国民』と定めている。つまり、現在の生活保護法の適用対象は日本国民であり、外国人は『国民』ではないので、適用対象には当たらない。よって、生活保護を受ける権利は、外国人には認められていない。

明確に「外国人」、それも「永住外国人」について、生活保護を受ける権利はないと判断がなされています。

しかし、まだ皆さん、早とちりしてはいけません。実はこの判決、これだけでは終わらないのです。まだこれは判決がいっている大切なポイントのうちの「半分」にすぎません。引き続き、残り「半分」を理解する上で必要不可欠なお話をしたいと思います。

3 生活保護を受ける権利がなくて、なぜ外国人は保護を受けているの

3・1 保護の「準用」

最高裁判所がいっているとおり、1950年に制定された現在の生活保護法は、1条、2条で明確に「国民」がその適用対象であると定めています。にもかかわらず、なぜ外国人は生活保護を受給しているのでしょうか?

それは、1954年に当時の厚生省が出した一通の通知に由来します。通知のタイトル

は、「生活に困窮する外国人に対する生活保護の措置について」、その内容の根幹は、「生活保護法第1条にあるとおり、外国人は法の適用対象とならないのであるが、当分の間、生活に困窮する外国人に対しては一般国民に対する生活保護の取扱いに準じて必要と認める保護を行う」(分かりやすいように一部表現を変えています)ということでした。

結局、この通知が今もずっと変わらず、生活保護法の適用対象は「国民」であるものの、生活に困窮する外国人にも日本国民と同じように(「準じて」)、生活保護の受給が認められています。これを少し難しい用語で、「外国人にも生活保護法を『準用する』」といいます。

3・2 「準用」ってなに?

そこで、よくわからないのが、この「準じて」「準用する」という言葉の意味です。

そして、この最高裁判所の判決の大事な残り「半分」というのは、この「準用」について述べている点にあります。あまり出し惜しみする必要もありませんので、最高裁判所がどのように考えているのか、早速見てみましょう。

①この通知にもとづいて、一定範囲の外国人に対して生活保護が事実上実施されて

きたとしても、そのことによって生活保護法が一定の範囲の外国人に適用され又は準用されると解釈することはできない。

②確かにわが国は難民条約に加入し、社会保障について自国民とそれ以外の市民を同一の待遇で扱わなければならないが、それを考慮したとしても、やはり外国人が生活保護法に基づく保護の対象となり得るとは考えられない。

③結局、本件通知は、生活に困窮する外国人が生活保護法の法律上の保護の対象とはならないことを前提に、それとは別に事実上の保護を行う行政措置として、当分の間、日本国民と同様の手続により必要と認める保護を行うことを定めたものである。

つまり、結局、「外国人」は生活保護法の適用対象にはならず、生活保護を受ける権利は「法的には」認められないのですが、この1954年の通知によって、「事実上」生活保護の対象になるという判断がされました。

したがって、最高裁判所は法的な権利は認めないものの、行政の措置によって、このような通知がある間は、生活保護を外国人が受けるということも事実上認められているとしていて、「外国人が生活保護を受給してはいけない」という判断はしていない点に注意してください。

3・3 「権利がある」ということの意味をもう一度確認しよう

ここまでの整理として、外国人には「(生活保護法に基づいて)生活保護を受給する権利」がないということがわかりました。

しかし、「権利がない」、あるいは、「権利がある」ということを一旦、原点に振り返って考えてみましょう。

「権利がある」というのは、その権利を行使し、自分の欲すべき結果(権利の内容)を求めることができるということです。それが「法的に権利がある」ということになれば、裁判に訴えることができるということです。

これを逆にいえば、「権利がない」というのは、権利の内容の実現を求めることができず、「法的には権利がない」というのは、裁判に訴えることができないということになりますよね。

結局、最高裁判所がいっているのは、「外国人には生活保護を受給する権利が法的には認められないので、法的に裁判で争うことはできません」ということで、権利はないけど、行政側が認めるのであれば生活保護を受給してもよいのです。

そして、行政側が生活保護について、外国人にも適用すべきかどうかというのは、また別の政策的な議論になるということです。

4 外国人にも生活保護の受給を認めるべきか
〜社会権の性質と特別永住者〜

4・1 行政実務は変わらず

実は、最高裁判所がこのような判断を出した後も、行政の動きは変わらず、この通知はそのまま妥当していて、外国人に対する生活保護の支給は続いています。最高裁判所は、行政が行っている措置について何もいっていないわけですから、当然のことといえば当然なのですが。

では、このような行政の措置が妥当なのかどうかという議論をしたいと思い、最後にいくつかの視点を提示したいと思います。

4・2 対象を「国民」に限ることと、国際人権A規約／難民条約

先ほど、最高裁判所の判断の要約でさらっと触れたのですが、日本は１９８１年「難民の地位に関する条約」というものを批准し、これに関連する法律を制定しました。実はその２年前の１９７９年、日本は国際人権A規約というものも批准しています。

これら２つの条約は、社会保障などについて内外人平等（国籍によって差別してはいけない）の原則を謳っているため、日本は、この条約に批准した以上、公的扶助と公的援助について、日本国民とそれ以外の者を同程度に扱う必要性が出てきました。

そこで、関連する法律を制定し、国民年金法や児童手当法などの社会保障制度において、「国籍条項」といわれる国籍要件（日本国籍でないと受給できないという要件）が削除されることになったのです。

しかし、生活保護法については、まだ国籍が大切な要件となっていることはこれまでの議論のとおりです。

もっとも、実は生活保護法から国籍要件が削除されなかった理由は、既に触れた１９５４年の厚生省通知によって、実質的には外国人も生活保護の適用対象となっており、改正するまでもなかったからなんです。実際に、１９８１年の難民条約加入に伴う衆議院法務委員会において、政府委員は「生活保護につきましては、昭和25年の制度発足以来、実質的

に内外人同じ取り扱いで生活保護を実施いたしてきているわけでございます。去る国際人権規約、今回の難民条約、これにつきましても行政措置、予算上内国民と同様の待遇をいたしてきておるということで、条約批准に全く支障がないというふうに考えておる次第であります」と述べていました。

あれ、これ最高裁判所といっていること違うんじゃない？

そう思った方は大正解です。結局、最高裁判所は「今の法律では、やっぱり法的な権利を認めることはできない。通知だけじゃそんな権利は作り出せていないよ」ということを述べていて、そこに司法（裁判所）と行政（政府）の認識の齟齬が生じています。

ですので、これらの条約との整合性も含め、その齟齬を解消するということが国会、政府に求められているでしょう。

4・3 社会権の性質と特別永住者

全く別の視点からお話をしたいと思います。

そもそも社会権とはいかなるものなのか、もう一度思い出してください。

すでに見たとおり、生存権などに代表される社会権というのは、必要最低限の生活を送ることができない国民に対して、国家が保護をするという性質を持った権利です。したがって、この性質からすれば、国民が困窮しているときにそれを助けるのは、その国民が帰属する国家であるということが大原則です。日本（韓国）人が生活に必要な最低限度を下回って暮らしているときには、日本国（韓国）政府が保護をするというのが原則です。

しかし、このようなシンプルな構図で終わらないのが、永住権者たちであり、さらにそこに歴史的な経緯が追加されて、もうほとんど日本人と変わらないけれど国籍だけが異なるのが特別永住者たちでしょう。

日本における特別永住者（ここでは圧倒的多数の韓国・朝鮮籍の方を考えます）について、彼らが必要最低限度の生活を送ることができない際に保護すべきは、日本でしょうか、韓国でしょうか。このとき、「国籍が韓国にあるんだから韓国だろう、嫌なら帰化すればいい」というのは、難民条約を見ても分かるとおり、非常に短絡的な結論です。

たとえば、次のような事情があります。実は、高齢者の「韓国・朝鮮」籍の方は、生活保護に頼らざるを得ない理由があります。1959年に施行された国民年金法には、長年「国籍要件」があったため、「韓国・朝鮮」籍者は国民年金制度に長らく加入できませんでした。難民条約批准（1981年）に伴い、1982年より加入が可能となりましたが、この際にも、それ以前に国民年金制度から排除された方への救済措置は採られませんでした。この結果、多くの日本人の高齢者にとって所得保障の中心となる「公的年金制度」から排除された在日韓国・朝鮮人の高齢者にとっては、生活保護制度が唯一のセーフティネットとなってしまったのです。

もちろん、これも一事情にすぎません。国家が、「皆さん、最低限度の生活を送ることができていますか?」という考慮をする際に、そのターゲットは本当に「国籍を持っている人だけ」でいいのでしょうか。一義的にはそうであっても、より考慮すべき(考慮してもよい)事情はないのかも考えるべきではないでしょうか。

ここでは、問題意識を提起するにとどめますが、そこが根本であるはずで、その議論なしに「社会保障=国民の権利」という帰結は必ずしも真ではないということを理解していただけると幸いです。

まとめ

▼外国人が生活保護を受給する権利があるかという問いについて、最高裁判所は、憲法上外国人に生活保護受給権は保障されていないと判断しています。

▼確かに、性質上日本人にのみ認められる人権を除いて、各人権は外国人にも保障されるとされていますが、国家が国民の最低限の生活を保障するために財源を用いて支給する生活保護については、その性質上外国人には保障されないとされたのです。

▼しかし、「憲法で保障される」ということの意味を考えると、法律や行政の対応で外国人に生活保護受給を認めることが許されていないわけではありません。実際に日本政府は外国人に対して生活保護の受給を認めています。

▼時代が変わり、国境を超えた人の行き来が当然となった社会で、国際人権規約や難民条約にも現れているとおり、「社会保障＝国民の権利」という帰結が真なのかは今後さらに議論が積み重ねられていくでしょう。

column

通名を持つ権利？

通名って知ってますか？

在日韓国・朝鮮人について語る上で外せないのが、「通名」をめぐる問題です。皆さんも耳にしたことはあるかもしれませんが、在日外国人は日本での生活を過ごしやすくするために本名以外の「日本的な名称・呼称」を持っていることがあります。これは通名と呼ばれ、これをめぐって一部では盛んに議論がなされています。

本書でも何度か取り上げた在特会の方々が、「通名は犯罪の温床になっている。通名を用いて銀行口座をいくつも開設し、これがマネーロンダリングに用いられたり、あるいは犯罪を起こしても本名を隠して通名が報道される結果、犯罪者が社会的制裁を受けなくて済むようになっている」ということを主張し始め、ネット上でも通名の問題点が相当大きく拡散されたりしています。

いきなりこのような枝葉の議論に入っていく前に、まずは通名というものがどのようにして生まれ、いかなる形で現在も続いているのかということを考えてみたいと思います。

通名ってどうやってできたのだろう？

１９１０年の日韓併合の後、韓国・朝鮮が少しずつ日本化していく中で、多くの方が「日本名」を用いるようになりました。１９４０年に行われた創氏改名によってこれは広く韓国・朝鮮人の間に広がり、彼らの公的な記録は日本名によって登録されるようになりました（戸籍上は「姓」や「本貫」という従来の朝鮮名も残りましたが、本名という記載ではなくなりました）。

１９４５年の終戦後、韓国・朝鮮の方が日本名を持つ根拠はなくなるのですが、それまで日本名で動いていた社会が韓国・朝鮮の方だけいきなり別の名前で動き出すというのはありえません。公的な記録が日本名で登録されている以上、これをすべていきなり廃止するなんて非現実的ですよね。そこで、戸籍上の名前が本名に戻っても、運用上は日本名の使用を「通称」として許可し、通称を用いた公的記録も有効なものとして日本政府は行政を動かすことにしました。

ですので、終戦直後に朝鮮名で何かを公的機関にお願いしたとしても、基本的には取り扱ってくれず、日本名をもって対応するということが韓国・朝鮮人に求められました。それが長年の間、そのまま用いられ、「通名」というものとして認識されるようになった次第です。

現在、住民票や運転免許証には、本名とともに通名が併記できることになっています。

一方、外国人は在留カード（特別永住者は特別永住者証明書）というもので入国管理局に管理されるのですが、そこには従来から制度が変わり、本名のみの記載ということになっています。

さて、ここまでは通名が行政との関わりでどのように生まれたのかということをお話ししてきましたが、通名が用いられる理由は行政的な便宜のためだけではありません。日本人コミュニティに馴染んでいくうえで、日本人らしい名前というのはとても便利なのです。たとえば、病院で韓国名を書いて受付をしたとしましょう。すると、おそらく正しい読み方では呼んでもらえませんから、順番を待っている間はとても不安が募ります。たとえ呼んでもらえたとしても、とても珍しい名前に対する周囲の目線が痛いのです。しかし、もし通名を使って、日本人でも簡単に読める苗字で受付をしたら、必ず正しい読み方で、誰にもその存在に気づかれないまま診察を終えることができます。

私自身も、学校で先生が出席を取るときが嫌で仕方ありませんでした。何度言っても間違えられてしまいます。

あるいは、より深刻なものとして、やはり日本人コミュニティの中で「在日韓国人」であることを隠すことができるというのも通名が使用されてきた一つの理由でしょう。もちろん、「そんなに嫌なら帰化すればいい」だとか、「自分の本名に誇りが持てないのか」という厳しいご意見もあります。ですが、それとこれは全く別次元の話なのではないでしょうか。異質なものに対して拒否反応を示されるとき、異質であることに誇りを持てるというのは相当強い方でしょう。外見も話す言葉もすべて同じなのに名前が異なるということに異様なまでに反応されてしまって、幼少期は私自身も非常に苦い感情を抱いていました。

このように、通名というものは、行政との関わりのみならず、私生活の中でも重要な役割を果たしているのです。通名が何のために生まれ、どのような機能を持っているのかということを踏まえると、ひょっとすると次に述べることの捉え方も変わってくるやもしれません。

通名を持つ権利？

さて、通名というのはその歴史的経緯から行政の制度上やむを得ずに使ってきた側面と、差別をおそれて使用されてきた側面があり、通名の使用が定着していく中で、これがアイデンティティの一部を形成するようになっているケースも少なくありません。

しかし、先ほど述べたとおり、通名というのは一部の方々からバッシングを受けている状況で、「通名を持つ権利」というのが在日韓国人に認められるのでしょうか。少し、これまでにない議論ではありますが、通名を持つ権利が、憲法で「基本的人権」として保障されるべきものなのかということを考えてみたいと思います。要するに、通名を否定するような処分を国が行ったり、通名を一切認めないというシステムを国が制度として採用した場合に、「憲法違反である」ということで争うことはできるのでしょうか。

これは非常に難しい問題で、「通名」について最高裁判所で判断が下されたことはまだありません。もし仮にこのような権利が認められるとすれば、新しい人権として、憲法13条が保障するということになると思われますが、このお話をすれば難しい抽象的な議論が続いてしまうので、要点だけをご説明させてください。

新しい人権を日本国憲法で保障するか否かは、その権利が「人格的生存に不可欠なものか」という基準で判断されます。つまり、「通名を用いることが、在日韓国・朝鮮人にとって人間として人間らしく生きていく上で必要不可欠だろうか」という視点で判断されることになります。こういう言い方をすると、「なんか大げさだなあ。別に本名があるんだから人間らしく生きていくために必要不可欠なものじゃないでしょ」と考える方も多いと思います。しかし、事はそう単純ではありません。なぜなら、在日韓国・朝鮮人の中には通名の方を中心的に用いて生活している方も少なからずいるからです。

たとえば、本名が「金和輝《キムファフィ》」であるものの、「金村和輝《かねむらかずき》」という通名で生活している方がいたとしましょう。彼は社会生活の中で、会社の同僚にも上司にも、友人にも、あるいは恋人にも「かねむらかずき」として認識され、呼ばれています。本名はほとんど使ったことはありません。そのとき、社会が彼を認識する名前は「かねむらかずき」であって、「キム・ファフィ」ではありません。彼は「かねむらかずき」としてアイデンティティを形成しているのです。このような場合、通名は彼の人格的生存にとって必要不可欠なものであるといえると私は考えます。

別の見方をしましょう。先ほど、行政の制度上やむを得ずに使用し始めたのが通名であるということを申し上げました。この文脈からすれば、行政の都合で使用することになった名前を使い続け、その名前で「社会の中の自己」を確立していったのに、なぜそれが突然行政上の制度に否定されなければならないのか、ということもいえるかと思います。

よくある批判として

このようなお話をしていると、「日本名にしたければ、日本に帰化すればいい」と批判されるでしょう。しかし、それは本当に短絡的な結論です。なぜ、人の名前を決定する際に、国籍の帰属先が絶対的に関係してくるのでしょうか。もちろん、国籍がどちらであるかによって、どちらの国風の名前にするかは判断要素として大きなものでしょう。しかし、日本で生まれ育った在日韓国・朝鮮人の子どもたちにも、日本社会において適合する名前で生きていくことは許されるべきです。

ただし、この批判が「複数の名前を持っているのはおかしいだろう」という意味の指摘であれば、話は別です。私はこの指摘は大いに考慮すべきことだと考えています。ころころと名前を変えて生きていくというのは、むしろ人格的生存という観点から見ると不必要とも思えます。

もっとも、ネット上の批判などを見ていると、批判の構図は生活保護受給のそれと似ているようにも感じます。つまり、圧倒的マイノリティの不正受給に着目し、これを異常なまでに拡散していくことで、正常に受給している生活保護受給者全体を含めて「生活保護受給＝悪」とする構図です。通名に関しても、通名の悪用事例をまるでほとんどの使用事例であるかのように拡散し、問題なく使用している方を含めて「通名＝悪」としているように感じられてなりません。通名を悪用する事例は絶対に許してはなりませんし、これに対して有効な施策を考えることは必要です。しかし、それのみを根拠に通名の廃止を訴えるのは、あまりにも飛躍して結論を導いてしまっています。

通名に対する考え方は実は在日コミュニティでも様々で難しい

通名に対する考え方というのは、本当に様々で、在日コミュニティが一枚岩のように通名制度を欲しているというわけではありません。「通名を使わせてほしい」という人もいれば、「通名は不要だ、本名で生きろ」という方もいらっしゃいます。かくいう私も、通名など使わず、自分の本名に誇りを持って生きてほしいと思っています。

実際に裁判で争われた例を見ても、問題の複雑さがわかります。

たとえば、静岡地裁では、会社の社長から「通名は使わず、本名を使用しなさい」と強要され、これにより人格的に傷ついた（精神的な苦痛を受けた）として裁判になりました（ちなみに、裁判の結果は、「通名を使うことは男性のアイデンティティの中核を成している」として、社長の損害賠償責任を認めました）。

一方で、別の裁判では、本名を名乗って仕事をしたいにもかかわらず、通名の使用を強制されたことで、精神的な苦痛を受けたとして裁判になりました。

このように、それぞれの方で、通名や本名に対する捉え方は違い、当事者にしかわからない問題があります。考えてみるとそれはある種当然で、自分という人間を表す名称として、どのような名前を用いて生きてきたのかは人それぞれ、アイデンティティの形成もそれぞれです。それを一括りにして議論すること自体が不可能なのかもしれません。

あるとき、フォーラムに参加した後の懇親会で、私に「〇〇（通名）といいます。韓国人なんですが、この名前で生きてきて、友人らもこの名前しか知りません。韓国人であるとバレることが怖くて、本名を明かすことが怖いんです」と相談しに来てくれた学生さんがいらっしゃいました。彼はご両親とも韓国人で、韓国人であることに後ろめたさはないものの、友人らにバレるとどんな反応をされるか、その後の関係がどうなってしまうのかが怖いと言っていました。彼もまた、「名前」という要素でアイデンティティ形成に苦しむ一人です。

本来であれば、胸を張って本名を使えるという環境が理想です。しかし、お世辞にも理想的とはいえない日韓関係の中で、本名を名乗ることに怖さがあることも事実です。通名＝悪と考えるのではなく、悪意のある使用をいかに潰し、善良に通名を使用している方々をいかに守るかという議論が求められています。

第7章

外国人が日本の選挙に行くってダメなの？

外国人が日本の選挙で投票する権利を持つこと、つまり在日外国人の参政権はしばしば問題となりますが、憲法上の立場は一貫しています。つまり、現在のところ憲法上保障される選挙権については日本人にのみ認められますが、地方選挙権については法律で外国人にも認めることが許容されるとされています。

永住権を持つ在日外国人に参政権を認めようとする動きは時代を経て少しずつ見受けられますが、これが日韓関係で特に語られる理由は、永住権を持つ在日韓国人が非常に多く、特に特別永住者はもはや日本人とほとんど同じように扱われているため、政治的にも同様の扱いを受けて良いのではないかとされているためです。ここでは、民主主義とは何か、国政とは何か、地方自治とは何かを問うたとき、どのような結論が出るのかを議論します。

この章に出てくる憲法の条文

第15条（公務員の選定・罷免権、普通選挙）
第一項　公務員を選定し、及びこれを罷免することは、国民固有の権利である。
第三項　公務員の選挙については、成年者による普通選挙を保障する。
第93条（首長・議員の直接選挙）
第二項　地方公共団体の長、その議会の議員及び法律の定めるその他の吏員は、その地方公共団体の住民が、直接これを選挙する。
第95条（一の地方公共団体のみに適用される特別法）
一の地方公共団体のみに適用される特別法は、法律の定めるところにより、その地方公共団体の住民の投票においてその過半数の同意を得なければ、国会は、これを制定することができない。

1 外国人参政権問題の概観

1・1 参政権とは

在日韓国人のコミュニティでは、すごく大きな話題の一つとして「外国人への参政権の付与」の問題があります。参政権（特に選挙権）が自然に付与される日本人の皆さんにはあまりない感覚かもしれませんが、私などは日本で選挙がある度にこのテーマを思い浮かべたりするものです。

では、皆さんが「参政権」という言葉に出会ったとき、はじめに何を思い浮かべますか。

この章では、「外国人にも参政権は認められてよいか」ということを議論しますが、そのうえで「参政権」というものがそもそも何なのかを考えてみたいと思います。

実は「参政権」というのはとてもたくさんの意味を含んだ言葉で、簡単に説明すれば、「政治に参加する権利」となります。代表的なものは、もちろん「選挙権」や「被選挙権」ですが、他には、「公務員になる権利」（公務員は行政という、まさに政治を実行していく立場ですよね）、「国民投票をする権利」、「住民投票をする権利」など、たくさんの権利がここには含まれることになります。

とはいえ、本章でお話しするのは、そういった「参政権」一般のお話ではなく、「選挙権」と「住民投票をする権利」に限りたいと思います。というのも、皆さんがイメージする「参政権」は「選挙権」や「住民投票権」のはずであり、実際にもまさに「選挙権」が議論の中心になっていて、憲法学でもこれを中心に議論が積み重ねられているためです。

1・2 選挙権とは

では、「選挙権」とは何でしょうか。投票する権利ですか。投票して誰かを選ぶ権利でしょうか。

答えは、選挙権について定めている憲法15条にあります。憲法15条1項には、「公務員を選定し、及びこれを罷免することは、国民固有の権利である」と書いてあり、この「国民固有の権利」が「選挙権」です。つまり、「公務員を選定し、及びこれを罷免すること」が選挙権の内容です。

もちろん、この「公務員」というのは、国家公務員の方々の中でも特別職の国家公務員、つまり「政治家」さんたちを意味します。ここまでを確認してください。

1・3 外国人参政権？

では、なぜ外国人参政権が問題になるのでしょうか。これには世界的な流れというものをまず見る必要があります。

もともと、ある領域にいる人々が「国」を作り、そこに属する人々が「国民」となって、国民国家というものが成立してきました。このとき、国籍、居住地、市民的権利、民主的な選挙権の帰属先は、国家の領土と一致していました。そもそも、ある社会について拘束力のあるルールを創るときには、その社会に属する全員がそのルール創りのプロセスに関与することが原則（民主主義の原則）であるため、民主的な選挙権は、その領土にいる人全員が持つことになるはずです。ですが、植民地時代の歴史的結びつきや、グローバル化の視点とそれに伴う人の移動が活発化し、「国民」の概念が揺らぎ始めます。つまり、領土を越えて人々が移動を始め、人々の帰属という意味での国境線が見えづらくなってしまいました。その結果、「たとえ国籍が違えど住んでいる場所の政治的な意思決定ができてもいいのではないか」という声が上がり始めるのです。これが「外国人参政権」の問題へと発展していきます。

図8-1

国籍	在留数（人）	特別永住者（人）	一般永住者（人）
中国	654,777	1,596	215,155
韓国	501,230	354,503	65,711
フィリピン	217,585	47	115,857
ブラジル	175,410	28	111,077

（法務省「平成26年末現在における在留外国人数について」）

1・4 なぜ日韓問題となるのか？

日本でいうところの「外国人参政権」問題というのは、在日韓国人についての話になることがほとんどです。その理由は単純で、日本には、植民地時代の歴史的結びつきから、日本にはたくさんの韓国・朝鮮人が住むようになり、永住者がダントツに多いためです。

「はじめに」でも掲載しましたが、もう一度、上の表をご覧ください（図8-1）。

この表は、2013年末における在日外国人の在留数と在留資格別の数を表したものです。特別永住者と一般永住者の違いなどはすでにお話したとおりです。

詳しくは後ほど述べますが、外国人参政権が認められるかどうかについては、基本的には永住外国人についての議論になりますので、一時滞在者や中長期滞在者はここでは関係がありません。そして、日本においては特殊な制度として認められている特別永住者こそが外国人参政権が認められるべき方々ではないかという議論がされているのです（なお、特別永住者については、韓国・朝鮮人の方々が約99％を占めていることも念のため思い出してくださいね）。

そうすると、自然と、特別永住者が圧倒的に多い在日韓国人をめぐる議論になり、常にこの分野は日韓問題となるのです。実際に在日コミュニティの中には選挙権を求めるよう主張し、実際に活動されている方がいたりします。


もう少し「選挙権」を、憲法に照らしながら、掘り下げて考えてみたいと思います。

2 選挙権をもう少し深く考えてみよう ～選挙権の根拠ってなんだろう？～

2・1 選挙権の性質と根拠とは

選挙権の定義は、すでに見たとおりです。「選挙において代表者である政治家を選ぶ権利」を指します。

では、この選挙権というものは、人類が生まれながらにして有する権利でしょうか、それとも人が国家に属し国家が制度形成していく中で人々に対して保障される権利でしょうか。難しい言葉では、前者を前国家的権利、後者を後国家的権利といいます。

きっと、皆さん感覚的にお分かりになると思いますが、選挙権は後者の権利に当たります。つまり、国が選挙制度というものを整備し、国民が意思表示ができるような仕組みをつくる中で、形成されていく権利なのです。

このように考えると、選挙権の性質というのが自ずから見えてきます。選挙権とは、国政を作っていくうえで国民に認められる権利であり、国民主権の根幹となるものなのです。もっとも、選挙権の中にも明確に区別すべきものがあり、憲法上もきちんと区別されているのが「国政」と「地方自治」です。要するに、国会議員を選び国政へ参加する権利と、地方議員を選び地方政治へ参加する権利とはそもそも異なるのです。

ではもう少し詳しく見ていきましょう。

2・2 国政（憲法15条）と地方自治（憲法93条）

章の冒頭に、関連する憲法の条文をいくつか出しています。そのうち、憲法15条がまさに国政選挙における選挙権について述べたもので、93条は地方自治における選挙権について述べたものです。

よーく2つの条文を見比べてみてください。すごく重要な違いに気づきませんか。

そうなんです。選挙権の主体が憲法15条では「国民」となっていて、93条では「住民」となっているんですね。憲法は2つの言葉を明確に使い分けているという点でそこについてはやはり尊重して言葉を解釈していく必要があります。

そして、外国人参政権に賛成する方々は、よくこの93条の条文を出して「住民」ということを根拠に、「国籍の有無ではなく、住所を有するかどうかで判断すべきと憲法が定めている」ということを主張します。逆に、反対の方々は、ここでの「住民」とは日本国民を前提にしていると述べます。

ですが、これについては両者のどちらが正しいかをツラツラと述べるよりも、すでに最高裁判所が見解を示していますので、そちらをご紹介したいと思います。

2・3 最高裁判所の理解

まずは、最高裁判所がどのように選挙権を理解しているのかを考えてみましょう。最高裁判所は選挙権について、次のように述べています。

「国会の両議院の議員を選挙する権利は、国民固有の権利として成年である国民の全てに保障され（憲法15条1項、3項）」る。

このように考えると、外国人に選挙権が保障されるかどうかは意外にも簡単に答えが出てしまいそうに思いませんか？

復習となりますが、外国人にも人権が等しく平等に及ぶかという問題について、最高裁判所は、

「基本的人権の保障は、権利の性質上日本国民のみをその対象としていると解されるものを除き、わが国に在留する外国人に対しても等しく及ぶ」

と考えています。そして、選挙権というのは「権利の性質上日本国民のみをその対象としている」といえるので、外国人には保障されていないという帰結が導かれます。そして、最高裁判所はきっちりと国政選挙について以下のように述べています。

「憲法の国民主権の原理における国民とは、日本国民すなわち我が国の国籍を有する者を意味することは明らかである。そうすれば、公務員を選定罷免する権利を保障した憲法15条1項の規定は、権利の性質上日本国民のみを対象とし、右規定による権利の保障は、我が国に在留する外国人に及ばない」

ですが、ここでまた戻ってくるのは、これは憲法15条、つまり国政選挙の話であって、地方選挙の場合は憲法93条の話になるだろうということです。

はい、そのとおりです。そこで、最高裁判所はきっちりと憲法93条についても立場を明

確にしています。以下、少々長いですが、非常に大事なところですので、引用します。

「国民主権の原理及びこれに基づく憲法15条1項の規定の趣旨に鑑み、地方公共団体が我が国の統治機構の不可欠の要素を成すものであることをも併せ考えると、憲法93条2項にいう『住民』とは、地方公共団体の区域内に住所を有する日本国民を意味するものと解するのが相当であり、右規定は、我が国に在留する外国人に対して、地方公共団体の長、その議会の議員等の選挙の権利を保障したものということはできない」

以上のように、外国人への参政権（選挙権）については、憲法上保障されていないということで最高裁判所は立場を明らかにしています。

しかし、ここで早とちりして「だから外国人に参政権は認められないんだ」という結論を出してしまう方がいますので注意してください。この裁判所の文章は、実はとても大切なことをいっているのですが、あまり裁判所の表現に慣れていない方にとっては誤解を生みやすく、誤謬の温床となってしまっています。

最高裁判所がいっていることをまとめると、次のようになります。

①憲法上、外国人参政権は保障してはいない
②その理由は国民主権のもと、民主主義は成り立つべきだから

ここから出されるべき結論は、

③だから、選挙権を具体的に定めている公職選挙法、地方自治法という法律が、日本国民のみに選挙権を与え、在日外国人に選挙権を与えていなくても、それは法律の上にある憲法に反するものではない

④もちろん、憲法上保障していないからといって、法律（公職選挙法／地方自治法）で在日外国人に対し地方参政権を与えることは不可能ではない。なぜなら、憲法は外国人に対して選挙権を保障していない（必ず与えるといっていない）だけで、外国人に対して地方の選挙権を与えることは許されない、といっているわけではないからである。さらに、公職選挙法／地方自治法という法律を改正するのは国会議員らであり、彼らは国民主権のもと選任されているわけであって、しっかりと国民主権は維持されているといえる

ここが理解できれば、もうほとんど難しいところはありません。そして、ここまでを理解できれば、先ほどの最高裁判所による述べた93条の理解の後にいっていることもうまく理解できるようになります。

「このように、憲法93条2項は、我が国に在留する外国人に対して地方公共団体における選挙の権利を保障したものとはいえないが、憲法第8章の地方自治に関する規定は、民主主義社会における地方自治の重要性に鑑み、住民の日常生活に密接な関連を有する公共的事務は、その地方の住民の意思に基づきその区域の地方公共団体が処理するという政治形態を憲法上の制度として保障しようとする趣旨に出たものと解されるから、我が国に在留する外国人のうちでも永住者等であってその居住する区域の地方公共団体と特段に緊密な関係を持つに至ったと認められるものについて、その意思を日常生活に密接な関連を有する地方公共団体の公共的事務の処理に反映させるべく、法律をもって、（中略）選挙権を付与する措置を講ずることは、憲法上禁止されているものではない」

なんとなく、「憲法で保障されていない」＝「許されない」「禁止されている」というイメージを持つ方が多いようですが、そういうわけではありません。あえて例を挙げるとすれば、カレーのフランチャイズ店で、「カレーを作るときは必ずこのスパイスAを使わなければならない」と本社から指定されているときに、スパイスAに加えて、スパイスBを使ったところで、このルールに反しているわけではないというのと同じことです。スパイスAを使っていることに変わりはありません。

2・4 公職選挙法

さて、このように議論してくる中で、さらっと先ほど「公職選挙法」「地方自治法」というものが出てきました。憲法と法律の関係は、これも復習となりますが、上位／下位の関係です。下位のルールが上位のルールに反することは許されません。

憲法15条や93条によって保障されている選挙権ですが、これだけでは、どういう選挙にするのか、投票区割りはどうするのか、何人を選ぶのか、どこで投票するのか、何より「誰が投票できるのか」などは一切わかりません。これを具体的に定めているのが公職選挙法や地方自治法であり、地方自治法11条、18条、公職選挙法9条2項などの規定によって、地方参政権も日本国民たる住民に限定されていますが、これを国会で改正し、永住者等も住民として地方参政権を有するとしても憲法に反するものではないということを、最高裁判所は述べていることになります。

図8－2

	限定的 （特定国籍に限定）	非限定的 （国籍による限定なし）
国政選挙	バルバドス、ガイアナ、アイルランド、ポルトガル、セントルシア、セントビンセントおよびグレナディーン諸島、トリニダード・トバゴ、イギリス	チリ、マラウイ、ニュージーランド、ウルグアイ
地方選挙	EU加盟国 イスラエル 【地方の一部のみ】 カナダ、スイス、 アメリカ合衆国	ベルギー、ベリーズ、ボリビア、コロンビア、デンマーク、エストニア、フィンランド、ハンガリー、アイスランド、リトアニア、ルクセンブルク、オランダ、ノルウェー、スロバキア、スロベニア、韓国、スペイン、スウェーデン、ベネズエラ、ロシア、マルタ

※EU加盟国については、EU加盟国の国民全員に、市民権としての参政権が認められている。
※韓国については、日本における在日韓国人の地方参政権付与のために、相互主義的に韓国でも永住権者に対して地方参政権を認めたという経緯がある。もっとも、韓国で地方参政権を行使できる在韓日本人は、数十人程度にとどまっている。
※南米諸国が多く見られるのは、旧植民地との関係であり、その意味では日本と韓国と共通の状況である。

3　他国の状況

ところで、他国ではどのような状況になっているのでしょうか。民主主義の形態を考える上で、他国の状況を知るということは非常に参考になります。

外国人参政権を認めている国について、上にわかりやすく表でまとめてみましたので、ご参照ください（図8－2）。横軸は、外国人参政権を「国政レベル」で認めているのか、それとも「地方自治レベル」かです。縦軸は、参政権が認められる外国人が特定の国籍を持つものに限定されるのか、それともある一定の条件（永住権等）を持つ者であれば国籍に関係なく認められるのかの軸です。

4 疑問の多い根拠

4・1 賛成派の立場から

納税しているから

よくいわれる理由として、「在日外国人も日本人と同じく平等に納税の義務を負っているのだから、税金の使い道を決める政治家を選ぶ権利はあるはずだ」というものがあります。しかし、これは誤りです。

そもそも、納税の有無や納税額の多寡にかかわりなく、すべての成年男女国民に等しく選挙権を付与するのが普通選挙制度です。

そして、納税とは、道路、水道、消防、警察など様々な公共サービスを受けるための対価であり、在日外国人は等しくこれを享受しています。

もし納税を理由として権利を認める必要があるなら、納税をしていない学生や低所得者層には選挙権を認めないという議論にも発展してしまうおそれがあります。

このような理由は、感情論として非常に理解はできますが、本質をついたものではありませんので、注意しましょう。

国際的に認められてきているから

「他国が認めている」「欧米諸国やＯＥＣＤでは普通だ」という議論も本質的ではありません。たしかに海外諸国の状況も見てみましたが、そこでは非常に言葉に注意し、「参考にすることは大事」という表現をしました。

「他国がそうだから」という理由は、その他国が間違っている場合があること、また、他国とは異なる歴史的経緯、文化をもって成立している自国との違いを考慮していない点で、本質的ではありません。

もっとも、本質的ではないだけで、一つの視点にはなります。その点では、「これだけを根拠に主張はしない方がいい」という意味で捉えてください。

地方自治なら当たり前では？

「地方自治は住民自治であるのだから、（永住）外国人も含めたすべての住民が意思決定に関わるべき」という意見もあります。これは一側面としてはそのようにいえるのかもしれません。

しかし、最高裁判所が地方自治について述べているように、地方自治体は「我が国の統治機構の不可欠の要素を成す」ものなのです。つまり、日本という国を統治するうえで不可欠なものであり、国家統治と密接な関係を有するものです。例を挙げれば、原発問題、在日米軍基地問題などの事項は地方自治であるとともに、国政にも深く関与するものです。

ですので、「当たり前」「当然」というニュアンスは誤りで、そんなに単純に認められるものではありませんので注意しましょう。

歴史的経緯から、参政権は認めるべきでは？

日韓の間には、非常に複雑な歴史的経緯があります。よくいわれるのは、戦時中に強制連行をされたということ。これを理由に特別永住者には参政権を与えるべきではないかと仰る方もいますが、その場合には「強制連行という事実はなかった」という反論がされて、議論は平行線をたどります。

しかし、在日韓国人（の中でも特別永住者）の立場をめぐる歴史的経緯は、別に「強制連行された」という点だけではありませんので、強制連行の有無という複雑な議論はここではさておくことにします。

どういった経緯があるのか。この点については、はじめにまとめている特別永住者の経緯を参照していただきたいのですが、問題はこの経緯を理由に参政権を認めるべきかどうかでしょう。特別永住者の方はほとんど日本人と同じ立場なのだから参政権を認めてあげてもよいのではないかという考えと、特別永住資格は日本で生まれ育った子どもや孫にも引き継がれていくため、単純に全員に参政権を認めてあげることに疑問を抱く考えがあります。もちろん、歴史的経緯など関係なく、一切認める必要はないという考えもありえます。

ここで指摘しておくべきは、歴史的経緯は非常に重要な考慮すべき要素になりますが、どのような歴史的経緯をピックアップし、それがなぜ参政権につながるのかを理解せねばなりません。少なくとも「強制連行があったから」という理由では、単なる感情論になってしまう可能性があります。

4・2 反対派の立場から

国民主権に反する

ここまで賛成派に対して反論をしてきましたが、逆に反対派の立場に対して少し指摘をしたいと思います。

まずは「国民主権に反する」という理由がよく挙げられますが、これについては、確かにそういう立場もありえるものの、最高裁判所がいうように、国民主権のもと議会の制定する法律があれば、外国人の地方参政権が認められても国民主権には反しないと考えるべきです。

本国向けの政治がされる

政治的な主張となりますが、「韓国本国向けの政治がされるために参政権は渡すべきではない」という主張は、実は誤った根拠かもしれません。

というのも、(日韓問題なので、ここでは特別永住者を前提としますが) 特別永住者らは歴史的経緯から日本に根ざし、本国へは帰らない方々がほとんどです。そして、現状のままでは、日本においては住所ではなく国籍の帰属によって参政権を付与するかどうかを決めるため、参政権を得るためには日本国籍をとる必要があります。そこで、外国人参政権を認めない代わりに、国籍を取る要件を緩和しています。もちろん、国籍を取った後も、民族的なアイデンティティは消えません。

ということは、帰化をしたとしても、「韓国向けの政治」のために投票される可能性はあるわけです。ですので、「投票したければ帰化をしろ」という主張はわかるのですが、「韓国向けの政治」をしてはいけないということはいえないはずです。この理由を掲げるのであれば、そもそも帰化の要件も厳格にし、外国人そのものの日本人化を防がないといけません（ここまでいうのであれば一貫していると思います）。

5 新たな視座

5・1 本当に外国人参政権は実現していないのか

これまで見てきたように、憲法上在日外国人への選挙権が保障されてはいません。しかし、実際には実現している参政権があります。それが、地方自治における「条例に基づく住民投票」です。

注意しなければならないのは、これは憲法95条がいう「特別法に基づく住民投票」とは異なるということです。すみません、唐突に憲法95条が出てきたのですが、実は憲法95条には「特別法に基づく住民投票」というものが定められています。憲法95条がいう「住民投票」は、国が特定の地方公共団体に対し、不利益を課すような法律を安易に制定することを防止するために規定されているもので、そのような可能性がある場合に、その地域の住民による住民投票を行い、否決されればその法律は制定することができなくなります。

そうではなく、「条例に基づく住民投票」とは、その地域の特定の問題に対する特別措置のために住民の意見を聞くためのもので、法的な拘束力がないものがほとんどです。たとえば、原子力発電所、産業廃棄物処理場、在日米軍基地といった施設の設置の是非を問うたり、市町村合併の是非や枠組みを問うために、「条例に基づく住民投票」が活用されています。

そして、条例による住民投票では、投票対象や投票資格者の範囲を自由に決めることが可能となり、外国人に投票権を与えたり、20歳未満の者に投票資格を与えていたりする条例もあります。

２０１０年までにこれが認められた地方自治体は、東京都三鷹市、千葉県我孫子市、神奈川県川崎市、広島県広島市などがあり、比較的大きな都市でもこれが認められていることがわかります。

私自身は、このようにして、「条例に基づく住民投票」を実施すべきほどに地域にとって重大な案件である場合は、外国人も含めてその地域に住む住民に意見を聞くということは有意義なことであると考えます。もっとも、その前提として、この住民投票の結果が法的拘束力を持たないということが必要です。要するに、政治家たちに地域の声を届けるという意味では、法的拘束力はないが、その地域に住む全構成員の意思をなるべく尊重するという姿勢が見て取れるため、有意義ではないかと思います。

逆にこの制度は、たとえば在日米軍基地の設置の是非を問う住民投票の場合に外国人も有権者になると、安全保障で大きな問題になるという意見があります。しかし、この批判は当たりません。条例に基づく住民投票は、「その地域に住む方々の意思を聞く」ために実施するもので、法的拘束力を持たないようにできますので、住民投票の結果に責任を持つ必要はありません。その地域に住む人々の意見として、考慮すべき要素が増えるという見方ができるわけです。

5・2 移民問題をどうするのか

これまで、「日韓関係」という視点で見てきましたが、ほとんどが在日韓国人である特別永住者はどんどんと少なくなっていっています（ここ数年は毎年８０００〜１万人程度減少しています。もちろん亡くなられて数が減っているのもありますが、半数は帰化です）。つまり日本の人口１億２６８８万人の日本の人口の中で、特別永住者は36万人程度です。人口に占める特別永住者の割合は毎年およそ０・28％ずつ、急速に減っていっています。

むしろ、これからは一般永住者や移民について、その在り方と対応の仕方を考えていかねばなりません。ここから一気に人口減少が始まる日本で移民は少なからず議論の対象となっていきます。まだ在留外国人は２００万人程度で、人口比としても数％にも及ばない程度ですが、もし仮にこれが１割を超える割合になってきたとしても、「ここは日本国であるから、一切政治的には関与するな、それは地方であっても同様である」という結論になるのでしょうか（私自身は、その結論でも問題ないと考えています。ですが、この議論はより大きくなっていくことでしょう）。

たとえば、「地方自治の中でも、安全保障関連の問題や他国との利害関係が明確に認識できる問題であれば、外国人には参政権を付与しない」という留保をつけて、純粋な地方自治問題（病院の設置、学校の給食についてなど）は永住権者も含めて参政権を付与する、といった先の議論を期待したいところです。

6 一応の結論

以上、本章では、外国人参政権について議論を重ねてきました。

基本的には、私も日本国憲法の立場に賛成です。つまり、憲法上、外国人に対して選挙権は保障されていません。したがって、外国人らが国に対して、自分たちに参政権を認めていない現行の法律が憲法違反であることを訴えることはできません。

しかし、国民主権のもと、日本国民が議会の過程を経て、自分たちの暮らす地域の意思決定プロセスに外国人も含めて良いと考えて法律を制定するのであれば、地方自治に限っては、参政権を認めることも可能です。

同時に、参政権を求める在日韓国人の方々にも認識しておいていただきたいことがあります。本文でも述べたように、政治参加の権利を保有する場所について、大きく、国籍で判断する場合と住所で判断する場合の２つの方法があり、どちらを重視してこの権利を付与するかは各国に委ねられています。そして、日本は国籍で判断することにしています。だからこそ、住所を有し永住する在日外国人の方々に参政権はなく、国籍を有する日本国民に参政権を認めています。そして、日本国政府は、韓国ではなく日本において政治的意思決定をしたいという特別永住者の方のために、帰化要件を比較的ゆるやかに設定しています。「投票したいなら帰化すればいい」というのは、僕自身、非常に傲慢にも聞こえてしまういい方ですが、少し言い方を変え、在日韓国人の方に「韓国ではなく、日本において投票してもらうためには、日本が国籍の有無で権利（参政権）の有無を判断しているために、国籍を変更してもらわないといけません。そのために帰化の要件を軽くしていますので、ぜひそちらを検討してください」と説明を受けるとなんとなく理解できるようにも思います。

いま、日本に住む在日韓国人の方々には２００９年に法整備がされ、２０１２年の韓国の国政選挙において投票ができるようになりました。しかし、当時の在日有権者46万2509人の内、2万5312人のみが投票を行い、その投票率はおよそ5％程度にとどまりました。国籍を日本ではなく韓国に持ち、韓国に対して思いを強く持つというのであれば、韓国に対して選挙権を行使できるようになったという幸せな現状をしっかり認識したいと思います。決して長年存在したものではなく、在日韓国人の方々が必死で実現へと漕ぎ着けた選挙権がいま手元にあるにもかかわらず、本国への選挙権を行使せず、国籍は維持したままで日本の政治に参画したいということの論理をしっかりと自省すべきであると考えます。日本への参政権も大事ですが、大韓民国憲法において韓国に対して忠誠を誓う私たちが、本国の選挙権を得るために戦った方々の努力を水泡に帰し、本国の選挙をないがしろにすることは辛いものを感じます。日韓の関係をよくしていく、それは何も日本への政治的意思表示をすることだけではありません。日本に住む韓国人として、明確に本国に対して意思表示ができるということを認識せねばなりません。

大韓民国憲法第24条「すべての国民は、法律が定めるところにより、選挙権を有する。」この意味を今一度、噛みしめたいですね。

なお、言うまでもありませんが、日本と韓国の二重国籍というのは現行制度では実現不可能であり、韓国にも日本にも投票したいという主張は、理解はできても通るものではありません。

まとめ

▼日本国憲法は、在日外国人に対して選挙権を保障してはいない。

▼ただし、地方参政権については、国民主権のもと、議会の制定する法律で参政権を付与することも、憲法上禁止されるものではない。

▼選挙権とは、民主主義原則のもと意思表示ができる権利であり、それがどの国・地域に帰属するかは、人々の国籍を重視するか、住所を重視するかで異なる。日本は前者を重視するため、歴史的経緯で生じた特別永住者については帰化の要件を緩和することで、参政権への道を開いている。

▼在日「韓国人」である以上、本国への選挙権が行使できるにもかかわらず、多くの在日韓国人がこれを行使しないという事実を、私も含め重く受け止めなければならない。

法律監修者から

曽我部真裕

本書の著者である徐東輝君は、筆者も所属する京都大学法科大学院の学生である。法科大学院（ロースクール）は、法律家（弁護士、裁判官、検察官等）を目指す学生のための大学院であり、学生の多くは司法試験を目指して日夜勉強に励んでいる。しかし、徐君は、若者の投票率を高めるための団体（ivote 関西）などで活躍するほか、今回は日韓関係に関する本まで書いてしまった。司法試験はどうなるのかと心配になってしまうが、徐君の日本の政治、そしてその延長ともいえる日韓関係に関する熱い思いが現れているということだろう。

本書は、在日韓国人・朝鮮人3世である徐君が、これまで学んできた法律、とりわけ憲法の角度から日韓関係や（それ以上に）関連する国内問題を紹介するという、これまでにない趣向のものである。確かに、この手の問題はこれまで、政治問題や社会問題として語られているが、「在日特権」の問題ひとつとってみても分かるように、法律問題でもあるのである。そうである以上、日韓関係に関連する問題に興味を持つ一般の読者に、法律の角度からこの問題を解きほぐした本があってもおかしくない。本書は出るべくして出たともいえる。

徐君が本書で訴えたかったことを一言で言うとすれば、「感情論はやめて冷静に議論しましょう。そのための土台として憲法（法律）は使えますし、知っておくべきですよ」ということなのだろう。実際、例えば、首相の靖国参拝に関する議論の混乱や、「在日特権」に関してまことしやかに流通する荒唐無稽のデマを見ても、こうした主張には説得力がある。確かに、憲法（法律）の角度から考えれば本書で扱われる諸問題が直ちに解決するわけではないが、冷静な議論の土台を設定するために憲法（法律）の基本的知識は不可欠であり、その意味で本書はやはりこの問題に関心を寄せる人々に必須だと思う。

ところで、筆者が本書の原稿を読んで強く印象に残ったことは、徐君の議論のトーンがこれまでの在日韓国人・朝鮮人の論客たちの書くものと全く違うということである。得てしてこれまでは、構造的な厳しい差別のもとにおかれた在日韓国人・朝鮮人の苦悩が透けて見える議論になりがちであった（これはこれで非常に理解できることである）が、本書の徐君にはそのような「影」が全く見られない。これがどのような理由によるものか筆者には知る由もないが、結果的に本書は、韓国・朝鮮や在日韓国人・朝鮮人に批判的な目を持っている読者にとっても、冷静に読めるものとなっている。

本書は徐君の初めての著書である。それだけに荒削りなところもないではないが、これまで述べてきたように、類書のないものである。読者にはぜひ、日韓関係の将来のために冷静な議論を願う徐君の熱い思いに触れて頂きたい。

あとがき

本書は、雨ときどき雷雨の予報ばかりの日韓関係に光を射すべく、新しい切り口から「日韓問題」を捉えようとしたものです。皆さんが理解を深め、あるいは在日韓国人の目線や憲法の目線からの捉え方を知るための一助になったのであれば、これほど嬉しいことはありません。

ずっと生きていくこの社会の中にあって、「隣国どうし」という事実関係はこれから先も変わらないわけで、それなら仲が悪いよりも良いほうが絶対に得でしょうと考えてきました。少なくとも、ネガティブな感情を持つことに意義はないはずです。

言葉も似ている、顔も似ている、性格も似ている、だからほんの少しのすれ違いが具体的な「違い」になって、それがどんどんと極大化されていって、「分かり合えない」仲になっていく。過去にこだわる者と過去から決別したい者、未来を見ているのはどちらかというとどちらでもない。過去にこだわりすぎて未来が見えず、過去から決別したいがために過去の積み重ねの先にある未来が見えていない。「過去を乗り越えて」「未来を見据えて」と無責任に好き勝手言う大人たちは、本当に私たち未来の世代を考えてくれているのでしょうか。少なくとも僕ら次の世代は、ポジティブなバトンなど受け取ってはいません。

執筆というのは不思議なもので、何かを「言語化し、文字化する」作業というのは頭が整理されるとともに、また別の発想が生まれたりします。当初、想定していた以上に執筆に時間がかかってしまったのは、私自身の見聞の狭さもありますが、執筆する中で改めて認識できたことを再度練り込む作業も多々あったためです。皆さんも、ぜひ日々の生活の中で「言語化」という作業を工夫してみてください。意外にも真理・本質をついた側面が見えてきたり、あるいは自分でも気づいていなかった側面が見つかったりして楽しいですよ。

さて、皆さんもうお気づきのことかと存じますが、「日韓問題」という言葉から想起される問題は他にもあります。特に慰安婦問題や歴史認識問題は、憲法的な視点から見ることに限界があり、本書では扱うことができませんでした。日韓関係では必ずといっていいほど話題にあがる大きな問題であり、またどこかでこれについても述べさせていただける機会があればと思っています。

なお、本書は、「入門書」たる性質を崩したくなかったため、あえて裁判例については年月日等を掲載してはおりません。今はなんでもインターネットで検索できる幸せな時代です。もしご関心のある裁判例がありましたら、ぜひキーワード等で検索してみてください。

本書の出版に当たっては、たくさんの関係者の方々に助けていただきました。

特に、大変お忙しいスケジュールの合間を縫って法律監修をしてくださった京都大学大学院法学研究科の曽我部真裕教授には、心から感謝の気持ちをお伝えしたく存じます。執筆中も温かく見守っていただき、教授からの言葉が精神的な支えとなりました。本当にありがとうございます。

また、表現力の乏しい私の原稿を読み、たくさんの有益な意見と叱咤激励を与えてくれた芦澤良太君、石田匡秀君、七條ありささん、多胡優作君、灰田大亮君、林浩太君、林準也君、松嶋悠太君には本当に感謝しています。ありがとう。

何より、ここまで育ててくれ、いつも精神的に支えてくれた父と母、そして妹に感謝の気持ちの代わりにこの本を贈りたいと思います。本当に感謝しています。

最後に、無事に本書を上梓することができたのは、TOブックス編集部の弛まざるサポートとご鞭撻によるものです。いつも締切に間に合わない私のお尻を叩いてくださったおかげで、形にすることができました。本書の完成までに東京と京都をつないで行った多数のやりとりを想起すると、編集部の皆さんの多大なお力添えに頭が上がりません。

本書が少しでも社会の前進に寄与できたのであれば、これほど嬉しいことはありません。

またどこかで皆さんとお会いできる日を願って、筆をおきたいと思います。

２０１５年７月

徐東輝

在日韓国人京大生が教える、
憲法の視点からの
日韓問題

2015年8月10日　第1刷発行

著　者　徐 東輝

発行者　東浦一人

発行所　TOブックス
〒150-0045
東京都渋谷区神泉町18-8
松濤ハイツ2F
電話 03-6452-5678（編集）
0120-933-772（営業フリーダイヤル）
FAX 03-6452-5680
ホームページ http://www.tobooks.jp
メール info@tobooks.jp

印刷・製本　中央精版印刷株式会社

ISBN978-4-86472-411-1　　Printed in Japan